创始人IP打造7字要诀

个人品牌全新升级战略

王一九 ◎ 著

电子工业出版社
Publishing House of Electronics Industry
北京·BEIJING

未经许可,不得以任何方式复制或抄袭本书之部分或全部内容。
版权所有,侵权必究。

图书在版编目(CIP)数据

创始人 IP 打造 7 字要诀:个人品牌全新升级战略/王一九著.—北京:电子工业出版社,2024.5
ISBN 978-7-121-47724-9

Ⅰ.①创… Ⅱ.①王… Ⅲ.①品牌—企业管理 Ⅳ.①F273.2

中国国家版本馆 CIP 数据核字(2024)第 078149 号

责任编辑:周　林　　特约编辑:吴　曦
印　　刷:三河市良远印务有限公司
装　　订:三河市良远印务有限公司
出版发行:电子工业出版社
　　　　　北京市海淀区万寿路 173 信箱　邮编:100036
开　　本:720×1000　1/16　印张:14.75　字数:188.8 千字
版　　次:2024 年 5 月第 1 版
印　　次:2024 年 5 月第 1 次印刷
定　　价:60.00 元

凡所购买电子工业出版社图书有缺损问题,请向购买书店调换。若书店售缺,请与本社发行部联系,联系及邮购电话:(010)88254888,88258888。
质量投诉请发邮件至 zlts@phei.com.cn,盗版侵权举报请发邮件至 dbqq@phei.com.cn。
本书咨询联系方式:25305573(QQ)。

序 言

在当前这个信息超载的时代，很多客户已经对碎片化的商业广告产生了审美疲劳。相比于眼花缭乱的产品，他们更愿意相信一个鲜活的人。在竞争激烈的当下，创始人应该重视个人 IP 的打造，加深客户对自身个人 IP 的认可，进而将这种认可转移到自己的品牌和产品上去。对于创始人来说，个人 IP 的意义重大。

同时，创始人打造个人 IP 已经成为趋势。很多创始人都意识到了打造个人 IP 的重要性，但在实际操作方面却往往不得要领。

本书聚焦创始人打造个人 IP 的需求，提出了以"定位、理念、引爆点"为中心的个人 IP 打造 7 字要诀，帮助各行业创始人快速建立起自己的个人 IP。

在内容上，本书聚焦创始人个人 IP 打造，分为创始人 IP 的重要性、个人 IP 打造 7 字要诀，以及打造创始人 IP 的深度思维三大部分。

第一部分，分析了创始人为什么要打造个人 IP 及创始人 IP 的商业闭环。在流量成本攀升、市场竞争激烈的当下，创始人打造个人 IP 成为提升企业竞争力的重要手段。

第二部分，详细阐述了个人 IP 打造的 7 字要诀，即定位、理念和引爆点。定位是根基，理念可以展现创始人的核心价值，而引爆点则能够借大事件加速个人 IP 的传播。以上 7 字要诀是创始人打造个人 IP 的核心理论。

创始人IP打造7字要诀：个人品牌全新升级战略

第三部分，讲解了打造创始人IP的12种深度思维，架构完整，实战案例丰富，也使本书更具指导性和可操作性。

你该如何读这本书？

1. 一周读完这本书

一本书如果你买了以后不读完，就是半途而废，所以要从头读到尾。最好一周读完，不要拖太久，否则你可能都忘记了前面的内容。

2. 知行合一，边读边实践

读书是为了应用，尤其是读到案例的时候，看看别人是怎么做的，想想自己要怎么做，然后去应用。

"知"是知道，"行"是行动。如果只是单纯地知道了方法，却不去实践，那么"知"与"行"就不能合一。

3. 和身边的人一起探讨

推荐给周边的人读或者在团队内部一起读，然后一起探讨，会收益更大，因为内容越探讨越透彻。

4. 加入一个读书圈子

和很多人一起读一本书效果更好，尤其是若有人领读，你会更加深刻地理解书的内容。我的每本书都会组织"共读会"，里面是一边在读书、一边在践行的一群人。

如果你想加入"创业者共读会"，或者领取本书思维导图，可以添加微信：63123860。

本书的完成离不开亲朋好友的支持，在此致以特别感谢！

谢谢出版社编辑的大力支持，谢谢王一九生命中的良师益友！

谢谢正在阅读本书的你！

目 录

第1章 创始人为什么一定要打造IP ………………………… 001

1.1 重要意义：打造个人IP成为创始人的必杀技 …………… 007
 1.1.1 90%的创始人，都没有看到自己IP的巨大威力 …… 007
 1.1.2 没有强IP的私域流量，犹如流水的兵 ……………… 011
 1.1.3 释放创始人内在的原动力，助力企业爆发 ………… 016

1.2 影响创始人打造IP的4大障碍 …………………………… 024
 1.2.1 心理障碍：不愿意站到台前 ………………………… 024
 1.2.2 缺乏网感：信息传递的方式过于传统 ……………… 026
 1.2.3 陷入误区：并不是所有IP都要"高大上" ………… 028
 1.2.4 认知错误：没有理解创始人IP的核心内涵 ……… 029

第2章 创始人IP的商业闭环 ………………………………… 032

2.1 第一步，找准定位：找到自己的优势赛道 ……………… 036
 2.1.1 找准切入点，启动自己的个人品牌 ………………… 036
 2.1.2 构建个人品牌资产，提升个人品牌势能 …………… 039

2.2 第二步，构建产品体系：实现IP资产变现 ……………… 041
 2.2.1 打造：IP变现的9大产品形式 ……………………… 045

2.2.2　发售：一次发售完成一年业绩 ……………………047

2.2.3　交付：从 IP 到超级 IP 的硬本领 ………………048

第 3 章　定位：高价值定位获得 100 倍收益 …………………052

3.1　选好赛道，聚焦高价值区 …………………………057

　　3.1.1　选好细分领域，聚焦一点 …………………060

　　3.1.2　茶叶老板，聚焦细分领域，开拓百城市场 …………061

　　3.1.3　小红书导师，重新定位提升 10 倍收入 …………063

　　3.1.4　食疗平台创始人，重新定位开启高速发展路 …………066

3.2　选准最大天赋，让自己的人生绽放 …………………………069

　　3.2.1　知识付费老师，定位一改提升 10 倍收入 …………070

　　3.2.2　线下教育机构校长，重新定位迅速转型线上 …………076

3.3　定位与人格画像：提升你的人情味 …………………………083

　　3.3.1　人格画像不等于人设 ………………………083

　　3.3.2　构成三要素：性格+专业+爱好 ……………085

3.4　从一个人的内在角度绘制人格画像 …………………………087

　　3.4.1　坚守者：几经风雨，坚守自我 ……………087

　　3.4.2　专注者：只关注细分领域，做细分产品 …………089

　　3.4.3　务实者：脚踏实地，走好创业路 …………091

3.5　从生活角度绘制人格画像 ……………………………092

　　3.5.1　阅读者：每周读一本书 ……………………092

　　3.5.2　旅行者：每年旅行 3 个国家 ………………093

　　3.5.3　修行者：从国学中感悟智慧 ………………094

第 4 章 理念：打造顶级 IP 的 "杀手锏" 097

4.1 超级 IP 为什么一定要有理念 098
- 4.1.1 有理念的 IP 和没理念的 IP 有什么区别 098
- 4.1.2 乔布斯，一个理念收获全球 1 亿铁粉 099
- 4.1.3 舒尔茨，秉承一个理念 35 年开了 32000 家咖啡店 102
- 4.1.4 孙正义，400 亿美元的投资理念 102
- 4.1.5 彼得·林奇，狂赚百亿的 "蜡笔理论" 投资理念 105
- 4.1.6 华杉的超级符号理念，帮助很多企业成为百亿品牌 108

4.2 理念铸就的超级 IP 109
- 4.2.1 王一九裂变式发售理念，帮助学员累计发售 10 亿元 109
- 4.2.2 理念的更新迭代和扩展，让品牌扎得更稳 111
- 4.2.3 创始人四步创造一套理念体系 113

第 5 章 引爆点：让你的 IP 迅速崛起 125

5.1 打造大事件的五大策略，制造引爆点 127
- 5.1.1 突破时间维度 128
- 5.1.2 突破数量维度 137
- 5.1.3 突破主题维度 142
- 5.1.4 突破空间维度 146
- 5.1.5 突破频次维度 149
- 5.1.6 一年曝光 3 次，持续做大事 151

5.2 以他人之例挖掘引爆点 152
- 5.2.1 9 小时《长谈》，提升两位大叔 10 倍的影响力 152
- 5.2.2 她连续 100 天 7 点直播读书，一次发售 80 万元 154

第 6 章 打造创始人 IP 的 12 种深度思维 …… 156

6.1 战略思维：突破事业的格局 …… 156

6.1.1 成为顶尖高手的 2 个法则 …… 156

6.1.2 发一个大愿，为这个世界做点事 …… 161

6.1.3 个人品牌的 3 个阶段 9 个层次 …… 169

6.1.4 打造高端商业 IP 的 4 层内容——道法术器 …… 175

6.1.5 战略认知的高度和传播认知的跨度 …… 181

6.1.6 定位要定心，定心就要养心 …… 187

6.1.7 创业的"搞大事"策略：一年 3 件大事 …… 194

6.2 战术思维：找到你的创业破局点 …… 199

6.2.1 创业提升 10 倍效率的一个思维——借 …… 199

6.2.2 如何设计多提升 10 倍流量的品牌符号 …… 204

6.2.3 做好事业的一个关键——执事敬 …… 211

6.3 修身思维：做一个内在丰富的超级 IP …… 215

6.3.1 理解诚意的 3 个层次，你的事业会一帆风顺 …… 216

6.3.2 如何运用自己的意念，让自己心想事成 …… 221

第 1 章
创始人为什么一定要打造 IP

假如你想创立一个护肤品品牌，投入的资金很少，但希望做到 3 年营收过亿元，你会怎么做？

我有个学员陈雨思，是一个 28 岁的女孩，她在最不合时宜的时间段，也就是 2022 年，开创了自己的护肤品品牌——集美司，准确地说这是一个微商品牌，也可以叫新国货品牌。微商从 2012 年兴起到 2020 年走上下坡路，到 2022 年更是飞速下滑。这确实不是一个好时机，甚至可以说是很多微商走向没落的时候，而新国货护肤品的销售业绩也是几经下滑，众多企业大把投资的钱打了水漂。然而在这样的形势下，仅仅 3 个月的时间，集美司就有了 3000 多万元的营业额，一年后还成立了"集美司商学"，专门培训代理商和合作伙伴，这对于一个新创立的品牌而言确实不容易。

2023 年初，她来找我咨询线下实体连锁店的布局。花费了 2 个小时，我帮她一起制订了连锁发展布局策略，一是轻投资、二是聚焦区域、三是扩散全国，预计未来开千家线下实体店。

你可能会问，她有很多员工吗？没有，她的团队只有四五个人。

她做了很多的广告吗？她有很多的资源吗？投了很多钱吗？

都没有！

一分钱的广告费都没有投入，也没有大牌的背书，主要的投入都在产品研发上。在那些靠资本和靠营销经营的新国货品牌销量不断下滑的时候，可以说她是完完全全凭借个人品牌的力量，迅速构建起了自己的护肤品品牌。

那么，这一切是怎么发生的呢？

2020年，雨思还是一个护肤品代理商，她有很强的团队管理能力。那一年8月她来一九私董会，我跟她说："未来你要建立自己的品牌，再花一年的时间进一步提升个人品牌的影响力。"

经过一年多的个人品牌提升，她从一个代理商进入知识付费赛道，一年的时间完成几百万元的知识付费营收，这是一笔纯利润。其实这笔钱对她来说并不是一个很大的数字，但是通过知识产品，她实现了"出圈"，影响力大幅度提升。随着知名度的不断提升，她又按照一九体系的规划开始布局影响力大事件。她的影响力越来越大，就连当初的竞争对手也开始成为她的学员和合作伙伴。

那么，规划她的创始人IP，有哪几个核心步骤呢？

第一，一个好的定位和人格画像。

第二，一套理念。

第三，不断地构建大事件，引爆势能（后面会详细拆解做法）。

由此可见，创始人仅仅靠自己的个人品牌的影响力，就足以带动一个商业品牌的兴起。这跟过去创建品牌走的道路是完全不同的。

过去构建品牌，需要有足够的资金，很多创业者为了凑钱掏光了家底，还不断去融资，每天都为了融资而发愁。很多创业者想要创建一个品牌，一开始就在企业品牌上下功夫，先做品牌设计规划，再打造旗舰店，花费数千万元广告费，用尽各种营销的手段，以此带动一个新品牌的发展。这种做法在以前也非常奏效，但是，有3个巨大的缺陷。

（1）投入了大量的资金，没有几千万元的投资，无法启动。

（2）风险越来越大，成功率越来越低。

（3）目前媒体分散，很难聚焦。

中国经济正在经历一场前所未有的大巨变，只是很多人还没有意识到。这场大巨变，会让很多传统的商业形式消失，也将成就一批新的商业形式、新的商业打法。这一次的巨变不再是以往商业模式的变更，不再是画一个商业地图，或者通过融资的方式就能达到快速圈钱的目的。

1978年改革开放以来，经济高速发展，但上半场的粗放式发展已经结束了。很多企业面临激烈的市场竞争，尚未觉醒的企业主依然在营销方面投入大量资金，以期待用过去的方法再造商业神话，然而失败者比比皆是。

过去三十年里，流行的是以营销为中心的做法，企业信奉只要产品有知名度，就能疯狂销售，于是各种爆款法则、"大单品"法则大行其道。企业老板生产一个产品，找到一个好的概念，然后邀请明星代言，出巨资做大广告，就会非常见效。

从2004年起，笔者开始做企业品牌咨询，确实经历过很多动不动就几亿甚至数十亿元的大爆款。以营销为中心的企业，靠广告支撑，构建的是企业品牌。然而，现在打造一个企业品牌已经没有那么容易了，投入的费用不是一般中小企业能承受的。投广告失败的概率之高已经让很多本来经营良好的中小企业，把辛辛苦苦赚的钱打了水漂，一夜之间打回原形，最终还不知道自己为什么会陷入绝境。

曾经有那么一段时间，很多商学院都在讲，"营销与品牌已经过时，到了商业模式的时代……"于是很多中小企业老板纷纷设计商业模式，简称"画地图"，然后再建造旗舰店，打着旗舰店的幌子全国招商，因此出现了很多快速扩张、全国招商数千家的品牌，紧接着很多品牌又快速关店、快速倒闭。

这并不是说商业模式不好，商业模式本身是非常好的工具，但是很多中小企业老板把起点搞错了。他们把商业大厦的基石建立在不成型的旗舰店上，依据一个没有验证过的商业模式基本点，就开始大张旗鼓地招商，最终的崩溃其实是一开始就注定了的，因为他们没有抓住商业的本质。

在过去的十年，也出现了以资本为中心的创业，创始人拿着 PPT 到处融资，以资本的优势实现客户的快速增长，然后开始构想 IPO，想实现一夜暴富。反观最近几年，大量的通过融资扩张的创业者屡屡败退，投资企业亏掉了投资人的数千亿元，而创业者本人也债务累累，甚至都不知道为什么会把自己搞到这般境地。资本本身并没有错，资本也推动了社会经济的发展，让很多优质的企业获得了优良的资源。但是，如果偏离了人的中心因素，仅仅以资本的力量去赚钱，就偏离了轨道。

综上所述，以产品为中心、以营销为中心、以模式为中心，都是以"物"为中心，没有归结到以"人"为中心上来。未来的商业，不再是以物为中心，而是回归到人，真正回到以人为中心，如图 1-1 所示。

在德国、英国和日本，很多企业都是几代人的家族企业，他们以创始人的手艺和创始人的精神为中心，几代人坚持做一件事情，用心做事，长久经营，这就是一种以人为中心的经营。

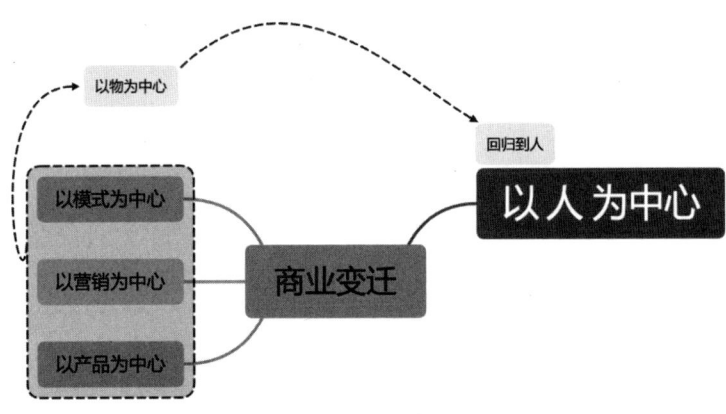

图 1-1　商业变迁

创始人IP打造7字要诀：个人品牌全新升级战略

日本的百年企业有 33000 多家，德国的百年企业有 1000 多家。很多百年企业，就是以创始人的名字命名的。

很多人可能会觉得，创始人的个人品牌做不大，无法成就伟大的企业，那么咱们来看一些以创始人的名字命名的品牌吧。

比如，奔驰（创始人卡尔·本茨）、宾利（创始人沃尔特·欧文·宾利）、铃木汽车（创始人铃木道雄）等。你以为只有汽车行业在打造创始人品牌吗？非也，还有美国摩根金融（创始人约翰·皮尔庞特·摩根）、希尔顿酒店（创始人康拉德·希尔顿）、飞利浦（创始人杰拉德·飞利浦）等。

包括你常常使用的 LV（路易威登）、江诗丹顿、香奈儿等，都是以创始人的名字命名的。

这种以人为中心的经营，经营者本身没有那么多的焦虑，会在经营中不断提升自己的心性。人，才是世界的主角，无论商业如何发达，商业的主角都最终会回到人身上。

创始人本人的技能和心性散发出光辉，他们的事业也同样散发出光辉。目前已经有部分先知先觉的人正在以经营自己的方式创业并获得了很大的成功，未来同样会有数百万人通过经营自己的个人品牌实现成功创业。

从以物为中心过渡到以人为中心，创始人通过重构品牌模式、商业模式和经营模式，突破以往需要大量资金投入和资源投入的方式，围绕创始人经营的个人品牌，形成圈层影响力，带动企业的稳健发展。

 思考

（1）这两个案例对你有什么启发？

（2）看到国外的案例，你有什么感触？

1.1 重要意义：打造个人 IP 成为创始人的必杀技

个人 IP 对于创始人而言有何意义？

在流量攀升的时代背景下，创始人打造个人 IP 有利于吸引更多优质流量，将更多流量转变为自己的客户，引爆圈层消费。同时，创始人 IP 与品牌 IP 联动，能够发挥出联动营销的效果，增强品牌形象。

1.1.1 90%的创始人，都没有看到自己 IP 的巨大威力

"618"购物节刚过，一个做电商的老板跟我说："今年太惨了，彻底没有流量了。去年还能靠买流量勉强撑着做两个亿的业绩，虽然算下来没啥利润，但毕竟还能卖货养活员工。今年彻底没流量了，连花钱都买不到。"

他问我该怎么办。

创始人 IP 打造 7 字要诀：个人品牌全新升级战略

我说："你是抱着侥幸的心理，游走在危险的边缘！"

其实，10 年前他就开始做电商，生意一直很好，一直做到了类目的头部，算下来也赚了过亿元了。但是从 2020 年开始，经营就越来越困难，每年几千万元的流量费，让利润越来越薄。每天他都在为 200 多号员工的工资发愁。后来他不得不减少人员，一直减到 80 人，但是依然很难支撑企业的运营。两年前我建议他一定要打造自己的创始人个人 IP，否则将难以维持。因为流量是平台的不是他个人的，平台可以把流量反复卖给他的各个竞争对手。平台卖流量是怎么卖的？就是谁给的价高，就把流量给谁，拼下来直到所有人都没有利润为止。这是由平台的性质决定的，连平台自己也无法解决。

我给他算了一笔账，如果几年前他就开始打造个人品牌，规划好定位、理念，设计好私域流量的运营机制，那么他今天至少有几十万铁粉，每年做两三个亿的业绩，甚至都不需要花一分钱的广告费。但是他之前一直觉得花钱买广告是最省时省力的，现在已经骑虎难下了。那么怎么办呢？只有重新回到打造个人品牌的道路上来。

为什么创始人的个人品牌对流量的运营至关重要呢？

与千篇一律的广告相比，人们更愿意相信鲜活的人。每一个创始人都有自己的故事、性格特点、经营理念及生活理念。这一切都是活生生的，非常鲜活而有力量的。我们可以问问自己，是不是更喜欢跟人交流，而不是跟货物交流呢？我们有时候购买一个产品，是因为那个卖货的人打动了我们，所以我们丝毫没有讨价还价，也没有货比三家就直接购买了。

以笔者为例，我喜欢用苹果的产品，我的手机、电脑、平板、手表都是苹果出品。最初是因为我非常喜欢乔布斯，他的创新精神、倔强的性格、极致的钻研精神和不服输的特质深深打动了我，当然也深深打动了很多"果粉"，所以我就这样开始使用苹果产品，用了十多年。这十多年来我不仅从未换过其他品牌的电子产品，还向很多人分享了乔布斯的故事，我想不低于几十万个粉丝。

现在，在本书中，我也分享给了你。如果这本书卖10万册，那么又宣传了10万次。如果你也打造自己的个人品牌，拥有很多十年不变的铁粉，而且某个铁粉还把你的故事讲给几十万人听，你的品牌名气一定会越来越大，威力是你无法想象的！

很多企业创始人执迷于做大做强，以为靠各种策略，如广告战、资本游戏，才能做大企业。殊不知企业创始人本人的魅力，就是企业最大的无形资产。这个无形资产的威力，大到让人难以置信。

国外很多的超级大品牌当初就是以创始人的IP做起来的，连企业名称都是直接用创始人的名字命名的。奔驰、福特、希尔顿、江诗丹顿、丰田……这些百亿、千亿美金市值的企业，当初就是这么开启的。

在中国，我们同样有这样的品牌，比如老干妈辣酱、王麻子剪刀。我们一边讨论着老干妈本人的故事，一边吃着她的辣酱，吃着吃着就把老干妈吃成了年营业额几十亿元的大企业。可见，创始人的个人IP在企业发展过程中究竟有多重要，说是企业第一重要的无形资产，一点都不过分。

只是，目前足够重视这方面的创始人太少。我们学习了很多西方的品牌案例和营销思想，刻意取一个好听的品牌名字，刻意塑造企业的品牌文化和愿景、使命、价值观，岂不知有多少企业花费了巨大的代价，却没有做出任何名堂。这些思路可能更适合那些大型企业，它们有足够的广告费用和宣传费用，而对于一般的中小型企业，打造创始人IP，才是最省钱、效率最高的方法，也是最容易进行口碑传播的。

假如你仅仅使用了一个好产品，可能很少想到去主动宣传。但是假如你用了一个茶壶，而这个壶是一个匠人手工制作的，你是不是每次请朋友喝茶的时候，就想讲一讲这个制壶匠呢？这就是在无意中为他做免费宣传了。

未来10年，将会有一些真正理解这个理念的创始人，去深度打造自己的个人品牌，并且会围绕这个个人品牌形成一个消费圈层，无论创始人销售什么，客户都会购买。未来，围绕不同的创始人IP，也将会形成各种各样的消费圈层。

- 有的创始人IP主打护肤品；
- 有的创始人IP主打茶叶；
- 有的创始人IP主打国学；
- 有的创始人IP主打女性成长；
- ……

甚至除了主业，他们还能开发相关的衍生产品来提升营业额。

围绕创始人 IP 而构建的消费圈层不需要像传统的企业品牌一样想方设法去获取大量的客户，创始人只需要构建一种稳定的、长期的消费圈层，并确保该圈层是有温度的、有共同价值取向的就够了。

未来无法建立消费圈层的品牌，将会非常危险，随时面临流量困局。

创始人打造个人 IP 是破解流量困局的有效途径。在持续打造的过程中，个人 IP 将逐渐成长为一个具有影响力和美誉度的超级符号，聚拢越来越多的流量，形成品牌资产。

1.1.2　没有强 IP 的私域流量，犹如流水的兵

我的一位朋友是做白酒生意的，不过他的酒具备鲜明的个人 IP 特色，汇聚了高质量的客户群体。这个客户群体虽然人数不多，但是非常稳定，而且消费额度非常高。客户很少一瓶一瓶地购买，都是几箱几箱地订购，用于婚宴、聚会、生日……而且都是直接订货，所以他无须做太多营销的工作，每年有几千万元的营业额。

传统的卖酒生意，可能是开个门店，或者由业务员上门推销，或者用直播间带货的方式来做，无论哪种方式，都是以酒为中心，卖的是酒本身的价值。但是这位朋友却把自己的 IP 特色做得非常足，提供了更多的情绪价值。

普通的酒一般用玻璃瓶包装，而这位朋友的酒用的却是钢瓶包装。正是因为产品的独特性，这位朋友也被人们称为"钢哥"。他一直倡导"真男人，喝钢酒"，因此他身边也汇聚了一群非常豪气的钢铁哥们儿，在生意上相互帮忙。

这位朋友平时的一大爱好就是举办各种聚会，邀请许多朋友来品酒。他有自己的聚会场所，朋友们临走的时候，他还会送他们一些酒。当然这种时候也往往会有一些豪爽的朋友直接买几箱酒带回去。这样一来，这位朋友通过举办聚会，不仅宣传了自己的产品，巩固了自己的客户圈层，还实现了产品的销售。

在经营生意的过程中，"钢哥"不仅树立起了自己的个人 IP，也形成了自己的品牌特色，将自己独特的个人 IP 与产品紧密结合在一起。基于个人 IP 的影响力，"钢哥"的客户越来越多，圈子越来越大。后来他推出了银钢酒——瓶子是银色的，又推出了金钢酒——瓶子是金色的，虽然其价位直逼茅台酒，但是一经推出，就被订购一空。

很多企业的运行模式都是这样的：创始人招聘一些业务人员，让这些人通过各种方法去找客户。在这种模式下，员工的规模往往越来越大，创始人身上的担子也越来越沉，而企业盈利却很难有大的突破。员工找来的客户，都是基于产品本身而来的，买完就走，以后再买就到市场上比价，很难留下来。这也是很多企业在拼命获取流量，却越做越焦虑的重要原因——流量留不下来。

我见过很多非常擅长获取流量的创始人，他们搭建了流量团队，有的通过热点短视频的方式，有的通过大量员工使用微信获取的方式，有的通过投广告的方式，获得了几十万甚至上百万人的私域流量，可是最终流量还是留不下来。

运营人员最会计算的就是ROI（Return On Investment，投资回报率），以为投10000元获得10001元的收益，就是可以持续做的生意。但是，这并不是从长远的、稳定经营的角度来看待ROI。一个好的私域流量，一定有一个强IP，否则客户为什么会留在这里呢？

一个人之所以愿意在一个圈子里长期待着，绝对不是因为这里有产品可以购买。结合我们自己想一想，我们愿意参加一个聚会，是因为非常想要购买一个超高性价比的产品吗？当然不是！

一个人愿意长期在一个圈子里，大概会有这么几种原因：

- 这里有情绪价值，比如同学会；

- 这里有知识价值，比如商学聚会；

- 这里有信息价值，比如个人品牌沙龙、投资论坛。

一个好的IP，提供的绝不仅仅是产品价值，一定还具备了以上这些价值。强IP，才是私域流量稳定运行、越滚越大的根本法宝。

而创始人打造个人强IP，可以实现长久引流，搭建起高质量的私域流量池，实现企业的稳定、高速发展，这种方式十分符合许多中小企业创始人的需要。

有人可能会问：一些创始人并不重视个人 IP 的打造，通过借热点发表评论及直播等方式也吸引了不少粉丝，为什么还要打造个人 IP 吸引流量呢？

某科技企业创始人小 A 工作之余十分喜欢制作短视频，在抖音上也注册了自己的账号。为了吸引粉丝，小 A 常常对当下的一些热点事件进行点评，或者对某些事件进行调侃。在热点事件和幽默语言的加持下，短短 3 个月时间，小 A 就吸引了约 20 万名粉丝的关注。

在聚集起粉丝之后，小 A 也和很多创始人一样，开始了直播带货。但让他万万没想到的是，在直播间，很多粉丝都不会关注他推销的产品，反而会问他一些关于热点事件的看法，甚至一些粉丝会模仿他的语气调侃产品。一场直播下来，小 A 口干舌燥，产品却没有卖掉多少。

而后，因为年关将近，企业事务繁忙，小 A 不得已暂停了短视频的更新。两个月之后，当小 A 重新登录短视频账号时，他才发现粉丝已经流失了近 10 万人。

热点吸引来的流量和通过强 IP 吸引来的流量并不相同。借助各种短视频直播平台的确可以吸引不少粉丝，如果创始人的 IP 非常强，可以留存不少客户。但是如果仅仅是靠热点吸引而来的，那么再多的粉丝都只是过客，铁打的营盘流水的兵，当热点消失，这些粉丝就失去了黏性。很多创业者都陷入过这个坑，一开始就招募短视频团队，还报名了各种短视频课程，并且以粉丝量为考核标准。这样一来，团队一定会以创始人的考核标准为目标，工作重点倾向于获取流量，最后发现转化成交率非常非常低，甚至收益抵不上支出。

以个人 IP 聚集起来的私域流量不仅具有很强的稳定性，在变现方面也十分具有优势。我刚开始创业时，一分钱没有花，就建立了一个社群，里面有 100 多人。我每天都在社群分享品牌知识。一开始的时候，为了写好 500 字的分享稿，我要花费 4 小时的时间，就是为了表达清楚我的观点。

社群的人看了我的分享很有收获，于是就自发拉人进群，没过多久，就拉满了两个群，一共 1000 人。这两个群，帮助我实现了至少 200 万元的业绩。后来我连续分享了 582 天，分享我对品牌的理解、对人生的理解，分享我的故事，以及我是如何处理日常工作的，粉丝黏性特别强。后来这一批人帮我裂变了上万粉丝，为我带来的收入，超过很多拥有 100 万粉丝的网红（网络红人，Influencer）。

我最初的粉丝量并不大（其实现在也不算大），但是黏性非常强，几乎每个人都了解我的喜好，知道我倡导的理念——"诚意正心、近悦远来"。他们在我的社群一待就是好几年，也愿意帮我做很多事情。我每次发售产品，他们都乐意来帮忙；我每年 1 月 9 日做"王一九开年演讲"，他们都来助阵；我每次发布新书，他们都组建"王一九新书共读群"来支持。

2023 年，我又做了一件事。我组建了一个群，叫做"一九联盟功课群"，分享的内容主要是创业和修身。每天我都分享 5 分钟的语音，很多人像追剧一样每天坚持来听。除此之外，我还按照儒家"每日三省"

的思路，设置了每日 3 次的修身功课，所有人参与了 1 个月就觉得收获巨大。但是，我并没有打算招募太多人，10000 人即可，来一起做修身功课，提升生命创造力。

在这样的私域流量里，我非常重视传播正确的理念和价值观，比如九大价值轮、成事法则，等等。

1.1.3 释放创始人内在的原动力，助力企业爆发

每一个创业者都有非常强大的内在原动力，只是在传统的商业模式中没有发挥出来，那我们过去在做什么呢？过去，大家都在做产品、做营销、做成交，在做团队管理，在请客送礼，在迎来送往，而忘记了我们内心的声音，忽略了内在巨大的能量。在创业之初，每个创业者一定都想过，自己想做一个什么样的人，想为这个社会做点什么，想如何实现自己的使命和人生价值，但是却一直没有实现。

我常常跟学员讲，生命大于生意，财富不是辛辛苦苦赚进来的，而是当我们的生命绽放的时候，自己流进来的。

通过打造创始人 IP 的方式，我们就能够传达自己的观点，能够把自己内在的力量激发出来。坦然自若地把自己的才华全部释放出来，这才是我们想要的人生，不是吗？而想要实现创始人 IP 大爆发，就需要关注个人愿景、理念和引爆点。

1. 个人愿景

打造创始人 IP 没有你想象的那么难，你不需要高超的写作技巧，也不需要卓越的演讲才华，更不需要敏锐的捕捉热点的能力，秉持诚意正心的表达即可！因为在这个世界上，能够真实表达自己的人，已经很少了。很多时候人们已经习惯了生意场上的虚伪客套、人情礼节，把自己表现得几近完美，说了所有人想听的话，就是没有说自己想说的话！

我有一个学员末夏，她是一名研究生，非常喜欢读书和写作，原来是帮别人语音写作的，就是用手机直接录音，然后将其转成文字，通过这样的形式来进行写作。她每帮别人写一篇这样的文章，可以赚 1000 多元。后来我跟她讲，她可以找到一个很好的定位，把她自己的内在能量激发出来，就能够帮助很多人去实现他们的梦想。

她说："真的可以做到吗？教别人语言写作也可以赚钱吗？"

我说："是的，不仅能够赚钱，而且能够让你自己的内在创造力全部爆发出来，实现你的人生价值。"

我问她："你知道这个社会上有多少人不会写作吗？你知道教他们写作能够让他们和你自己获得什么吗？"

她茫然地摇摇头，我接着帮她进行了系统分析。有一种人，他们原本不会进行文字写作，但他们可以通过语音写作的方式表达自己的观点，或者舒展自己的情绪，甚至实现自我疗愈，实现自我价值的提升。

还有一种人，他们想要写书，却没有时间写，那么当他们学会语音写作的方法，写书的时间成本就大大缩减，他们也能通过写书来实现他们的人生价值了。当她帮助了这两类人，其实她也为社会做出了非常大的贡献，而且每年仅仅通过这两种方式，她就可以赚 100 万元。

她难以置信地说："一九老师，是真的吗？这就是我想要做的事情，我特别想让更多的人学会语音写作，这一定对他们有巨大的帮助。我以前觉得帮助别人写稿，一年能赚 20 万元我就非常累了。如果教别人写作也能赚钱，那就太好了！"

后来我帮她设计好产品，她就一个人，每天读读书，写写文章，再教别人写文章，第一年就突破了 120 万元的收益，而且有越来越多的人喜欢她，没事就去她直播间捧场。

其实，很多人都不知道自己的价值有多大，而通过打造个人 IP 的方式，能够让自己的价值完全凸显出来。

我还有一个学员，她以前是卖化肥的，一年可以卖 5 亿元的化肥，但是化肥的利润率很低。年初她来深圳找我咨询，我花了大半天的时间，和她聊人生，聊梦想，聊她最想做的事情。

她告诉我，新疆有很多盐碱地，面积广阔但可耕种性非常低。我就搜索了一下中国的盐碱地状况，根据我国 2021 年第三次国土调查数据，我国耕地面积总共 12786 万公顷，而根据联合国教科文组织和粮农组织的不完全统计，盐碱地面积多达 9913 万公顷。盐碱地居然占了我国耕地面积的 77.5%，真是令我大吃一惊！

如果有一种技术能够改造这些盐碱地，那么这将对整个农业的发展有着巨大的好处。

我说："你有没有想过去改造盐碱地呢？"

她一拍桌子，然后说："哎哟，一九老师，真的，我特别想做这件事情，只是我过去一直在卖化肥，想让自己有更多的收入，这样才能过上更好的生活。"

我说："你去改造盐碱地不仅能够赚更多钱，过上更好的生活，还能够受人尊重。"

她回新疆后，就着手去做了，一边跟自己的导师学习，一边花钱购买了一些专利技术。

在我这里咨询完以后，她受到了极大的启发，原来她可以做一件伟大的事情，帮助国家来改造盐碱地。这件事情激发了她内心的斗志，不仅仅是赚钱这么简单，她觉得她整个人都很有力量。在直播的时候，她站在土地上，头发被风吹得乱糟糟的，但是她一点也不在意。她的粉丝也越来越多，很多人就是喜欢她这么接地气。

后来我帮她策划了一个线下论坛，一次性就来了100多人，其中好多都是农场主，有一些农场主有几万亩，甚至几十万亩地，对她做的事情都特别赞叹。因为她不仅给了大家化肥，助力农业高产，还帮忙做了盐碱地改造，所以大家都非常敬仰她。很多人都说以后就找她买化肥和种子！

创始人 IP 打造 7 字要诀：个人品牌全新升级战略

每一个创始人的身上其实都有这种强大的力量，都有内心真正想做的事情，但是在生活中几乎没有办法把它完全体现出来。

我有一个来自北方的学员，一年有几千万元的营收业绩。他有一次跟我说，已经有七八年了，他每年大年三十都不在家过年，因为在送礼的路上。他一点都不开心，甚至还给自己取了个外号，叫"礼品快递员"。他时常都笑容满面地给客户送礼，却忽略了自己内心真正想表达的东西。

如果一个创始人，在不断地表达自己的观点，传播自己的理念，讲述自己的梦想，然后跟你的客户一起去实现你们共同的梦想，就会有更多的人聚在你这个圈子里。你无须大年三十还在送礼的路上，而你的生意还会更加稳定。

相比于企业品牌，创始人的个人 IP 是更加人性化、更有温度的，能够实现情感的迁移。企业品牌往往能够体现企业的定位、经营理念等，是独一无二的企业符号。而个人 IP 在此基础上，还能够展现出创始人个人的魅力与情怀，搭建起与客户沟通的渠道，增强客户的黏性。

2. 理念

很多人忽视了理念对于个人品牌的重要性，甚至根本就不知道理念这回事，把力量都用在了流量、成交转化、ROI、GMV（Gross Merchandise Volume，商品交易总额）上，但是从本质上来说，成交转化、ROI 等都还局限在销售的层面上，个人品牌的真正核心是理念。

那些超级巨星级别的个人品牌，比如，老子，他提出了"道"的理念；王阳明，他提出了"致良知""知行合一"的理念；孔子，他提出了"仁"的理念，他们都没有使用任何的销售技巧，却拥有数百亿粉丝，直到现在粉丝数量依然在增长。

你可能会说，我们打造个人品牌是想要达到商业目的的，老子、王阳明、孔子这样的理念不适合我们。

企业家稻盛和夫提出了一个理念，叫"敬天爱人"，这是他在企业里提倡的核心价值观，在经营上他又提出了"阿米巴"理念。这两大理念，一个从道的层面引领，起到了凝心聚力的作用，一个在法的层面上构建了具体的操作方法。正因为这两个理念，尤其是"敬天爱人"的理念起到了巨大的作用，稻盛和夫不仅仅经营了两家世界五百强企业，还拯救了濒临破产的日本航空。

稻盛和夫因此也获得了全世界经营者的敬仰，他所创办的"盛和塾"人数突破 10,000 人，2018 年分塾总数突破 100 家，柳传志、马云等名人都非常推崇他的理念。

腾讯创始人马化腾曾表示，"做产品要像小白用户那样思考"。做产品不需要做一些看起来很厉害但用户不需要的设计。企业要站在用户的角度思考产品，明确用户的需求，在此基础上逐步解决用户使用产品的痛点，这样才能够提升用户体验，进而提升产品口碑。

正是由于马化腾的这种产品理念，腾讯才能够推出更符合用户需求的产品。大家在使用 QQ 和微信时可能都有这种感觉：非常流畅，根本不需要任何人教，你就能使用，连3岁的孩子都能很快上手。这就是马化腾的理念。相比之下，很多软件企业把软件开发得难以理解和操作，所以使用的人也非常少。

在一九体系中，我也一直在推广两种理念，分别是"个人品牌是一生的修行"和"诚意正心、近悦远来"。我坚持的两个理念，都起源于中华文化。

创始人提出的理念可以是多种多样的，可以是人生理念、产品设计理念、企业经营理念、投资理念，甚至是生活理念。这些理念是创始人传播自身IP的"大杀器"。有了理念做支撑，创始人的内容输出才会有核心内涵。

理念究竟有什么好处呢？

其一，理念让自己内心坚定，信心十足；

其二，理念指导人生走在正确的方向上；

其三，理念让自己内心坦然自若，不会迷茫；

其四，理念汇聚人心，人们愿意跟随。

3. 引爆点

世间万事万物的发展都有周期性，经济发展有周期性，人生起落有周期性，天气变化有周期性，股市涨跌有周期性，就连历史朝代的更迭都有周期性。这个道理是很多人一辈子都没弄明白的，他们往往在错误的时间点，做出错误的决策。

有的人该沉淀积累的时候却贸然出手，该果断出击的时候却慢腾腾的，耽误了大好时光。正如股票的涨跌一样，周期性决定了没有哪一只股票会一直上涨，都是涨一段时间跌一段时间。有的股票一年可能都不太涨，但是在有的节点会出现爆发式增长，会连续涨停10个涨停板。这一次的爆发性增长，可能就超越了一年的缓慢增长。

很多人以为财富的累积速度是平均的，其实不然，财富的累积速度是阶段性的，在特定的阶段会爆发性增长，而在其他时间里则相对缓慢。

打造个人品牌也是同样的道理，一次引爆很可能抵得上半年的努力，所以我们需要不断地制造引爆点，把日常累积和引爆点交叉应用，才能实现突飞猛进。

那么，怎样制造引爆点呢？我们可以通过大事件来引爆个人IP能量。我们在日常生活中所做的很多事情，如读书、做直播、做慈善等，都是创业过程中的积累，是在慢慢累积影响力。但在打造个人IP的过程中，要想实现个人IP影响力的爆发，一年至少需要打造两到三次大事件，来快速提升创始人的影响力。我每年都会给自己设计几次大事件，比如，每年9月我会做一次"百万人读《大学》"的活动，计划做十年；每年1月9日我会做一场"王一九开年演讲"，也计划先做10年。

同时，一九体系还开创了"12小时直播"系统，很多学员都在做12小时直播大事件。

创始人 IP 打造 7 字要诀：个人品牌全新升级战略

大事件并不难做，只是很多人没有摸清楚大事件的底层逻辑，做的效果会有天壤之别。

策划大事件是有一套体系的，按照体系去做，做 1 件抵 100 件。创始人只需要在年初的时候，制订好一年的引爆点计划，一次比一次升华，那么用一年的时间就可以把影响力推向一个新的高度。

思考

(1) 你以前是否关注过理念对企业家的影响？

(2) 本节对你的启示是什么？

1.2 影响创始人打造 IP 的 4 大障碍

对于创始人而言，打造个人 IP 本身并不难，但是其中潜藏着诸多障碍，如心理障碍、缺乏网感、陷入误区、认知错误等。创始人需要了解这些障碍，并通过正确的方法打破这些障碍。

1.2.1 心理障碍：不愿意站到台前

我有一位相识多年的好友黄总，如今也是一位小有所成的企业创始人。在平时的联络中，黄总曾多次和我讲到自己创业的难处，如客户太难找、找到的客户难以留存等。我也给出了相应的建议，那就是打造自己的个人 IP，用个人 IP 吸引客户。

而每次我提出这个建议时，黄总总是连连摇头，说自己做不了。事实上，他并不是否认打造个人 IP 这件事，而是否认自己的能力。

在我做个人 IP 咨询之初，黄总就对我的工作十分好奇，和我讨论了许多有关个人 IP 打造的问题。在看到我的诸多学员的成功案例后，他更是多次称赞。但当我建议他打造个人 IP 时，他总是会给出许多理由来拒绝：有点胖、形象不好、面对大众太紧张等，总是不敢迈出这一步。于是，每次在了解完那些打造个人 IP 的成功案例时，黄总的眼睛里总是既有羡慕和期待，又有深深的胆怯。

黄总的这种心理障碍并不罕见。提起打造个人 IP，许多创始人都会存在一定的心理障碍，不愿意走到台前。我在和一些创始人探讨这一问题时，他们都提出了自己的疑问。

一部分创始人认为，自己抛头露面站在聚光灯下是一件不好的事情。和客户面对面沟通时，这些创始人可以做到侃侃而谈，但一想到要站到公众面前，就会心生恐惧，担心自己没有足够的人格魅力，不能吸引更多关注。

他们没有意识到，在日常的商业活动中，约见客户、举办营销活动、参加行业会议等都是在抛头露面，而如果他们期望认识更多人，打造个人 IP 就是能够快速认识更多人的最佳方式。

还有的人担心自己太出名，这也大可不必。因为即便你使出全部的力气,"太出名"也是小概率事件。

我主张创始人打造个人品牌,并不是想让创始人成为一个很出名的网红,而是要成为一个有深度影响力的人,成为一个在你所在的行业领域里有话语权的人,打造一个对忠诚粉丝有绝对影响力的IP。

很多人误以为打造创始人个人品牌,就是拍短视频,追各种热点,成为全网皆知的红人,其实并不是这样的。打造创始人IP更多的是要做高价值的事情,汇聚高价值的流量,跟抛头露面是两回事。

在未来的商业模式中,创始人打造个人IP将成为一种常态,成为企业竞争力和企业品牌资产中不可缺少的重要内容。越早建立起个人IP,创始人就能够越早获得IP红利,更好地推动企业发展。

1.2.2 缺乏网感:信息传递的方式过于传统

我曾经有一位学员D先生,他是一名博士,在创业之前是某大学的教授。在成功创办企业后,为了抓住新媒体的红利,他开始通过直播平台开设课程,但坚持了很久都没有多少粉丝关注。带着深深的疑惑,D先生找到了我。

在诊断问题的过程中,我仔细观看了他提供的直播内容,找到了问题所在,那就是缺乏网感。基于在大学授课时养成的习惯,D先生直播授课时十分严肃认真,虽然讲解的内容足够专业,但这种一板一眼的讲课方式却难以吸引网友的关注。

什么是网感？网感就是对网络语言有足够的敏感度，能够使用恰当的网络语言表达自己的内容。在互联网中发声，不同于传统的线下表达，创始人必须提升网感，才能够吸引更多关注。

在明确了问题所在后，我给出了两点建议。

一是要使自己的表达更接地气。互联网中充斥着形形色色的人，并不是每个人都能听懂一个博士在讲什么，他可以通过更接地气的表达让更多人听懂自己的话。只有保证观众都可以听懂自己说的话，表达才是有效的。因此，在网上表达内容时，D先生需要将复杂的专业内容简单化，深入浅出地进行讲解。

同时，为了使表达更接地气，D先生也需要时刻关注互联网上的内容，了解网友喜欢的表述、关注的内容等。在表达内容时，D先生也可以穿插一些"故事性"的内容，或通过情感表达引起观众共鸣。

二是要多看多学，看看别人是如何表达、如何吸引受众的。

此后，D先生根据我的建议开始慢慢调整直播授课风格，在将知识讲得更细的基础上，融入了不少趣味性内容，讲身边的故事，说身边的客户。他的讲课风格逐渐变得轻松、幽默，这也为他吸引到了更多粉丝。之后，在成就感的激发下，D先生持续进行直播优化，最终成为深受粉丝喜爱的老师。

如果你也和从前的D先生一样网感不强，无须担心。其实，获得网感是一件简单轻松的事情，只要想一想自己是怎样跟小学同学聊天的，

创始人IP打造7字要诀：个人品牌全新升级战略

找到那种感觉就好了。

1.2.3　陷入误区：并不是所有IP都要"高大上"

在我做个人IP咨询的过程中，总会遇到一些创始人提出这样的问题：我的身上并没有一些"高大上"的特质，如名校毕业、有名人背书等，那么我是不是很难打造个人IP？

很多人在打造个人IP时都会追求一些"高大上"的标签，即使没有名校毕业、名人背书等标签，也要通过一些包装将自己打造成一个处处都非常精致高雅的人。这其实陷入了一个个人IP打造的误区。

一方面，并不是所有的个人IP都要"高大上"。即使没有"高大上"的光环，只要有自己的特点，创始人就能够成功打造个人IP。另一方面，从个人IP发挥的效果上来看，越"高大上"的个人IP，往往越难建立起创始人与目标受众之间的连接。

"高大上"的个人IP的确能够吸引一些人的关注，但这样的个人IP往往会将创始人从目标受众中独立出来，难以拉近创始人与目标受众之间的关系，难以增强目标受众对于IP的黏性。并且，"高大上"的个人IP意味着创始人在展现自我时，只能展示出"高大上"的一面，难以在目标用户心中留下更加立体的认知。

事实上，创始人在展示自我时，不仅要强化自身标签，更要勇于将自己工作、生活中的方方面面展示出来，让目标受众感受到创始人的真诚，感受到创始人的感情。

创始人要做的，就是勇于向人们展示最真实的自己，做自己就好。成功的喜悦、失落的痛苦等，这些情绪都是可以展现的，只有这样个人 IP 才会更加立体，更加有血肉，才能够在目标受众心中建立起一个更加真实的形象。

这些日常情绪的表达，是十分具有感染力的，能够拉近创始人与目标受众之间的距离，让他们知道，原来创始人也有这样的一面，原来我们对于很多事情的感受都是一样的。在情绪引发的共鸣之下，创始人与目标受众之间的距离被大大拉近，也会有更多的目标受众自动转化为创始人的客户。

一个成功的个人 IP 不是刻意包装出来的，而是在自然、真实的基础上生成的，是创始人真实生活状态的展示。

1.2.4 认知错误：没有理解创始人 IP 的核心内涵

有一些创始人在打造个人 IP 方面是十分积极的，他们会积极地创建自媒体账号、接受采访等，但往往经过多番尝试也没有成功。其中最大的障碍就在于，他们没有理解创始人 IP 的核心内涵是什么。

这些创始人在打造个人 IP 时，往往是比较盲目的，看到有的创始人通过自媒体运营成功出圈，就开始打造自己的自媒体账号，发布各种文章或短视频；看到有的创始人通过一篇采访火爆网络，就开始接受各种采访，发表各种行业见解。整体来看，他们是毫无章法的，完全不了解创始人 IP 的核心内涵是什么，只是学到了一些零碎的知识，便急于进行实践。

其实，打造创始人个人 IP 的核心就是，创始人首先要建立起自己的核心知识体系，有明确的理念，有完善的知识脉络，再通过各种工具去传播自己的理念和价值观。也就是说，关键不在于采用什么样的方法，而在于创始人有没有建立起自己的核心知识体系。

对于创始人而言，在没有核心知识体系的情况下，通过追逐热点，可能可以打造出一条爆款视频，吸引来一批粉丝。但这些粉丝只是追随热点来来去去，黏性并不强，也并不关心创始人是否有理念，很难转化为创始人的客户。

只有创始人搭建起了自己的核心知识体系，在创作短视频、发布文章的过程中有意识地展示自己的理念、知识、产品、企业文化等，才能吸引来对自己的核心知识体系感兴趣的粉丝。同时，在这些内容潜移默化的影响下，会有更多粉丝逐渐了解创始人的理念、旗下的产品、企业文化等，最终自然而然地转化为创始人的客户。

此外，在没有核心知识体系的情况下打造个人 IP，创始人往往难以找到打造个人 IP 的切入点，只能是追随热点打造内容，也难以形成打造个人 IP 的体系。而在建立起自己的核心知识体系后，创始人输出内容就有了明确的方向和丰富的资源库，之后只需要思考通过怎样的方法、设计怎样的阶段将这些内容分享出去就可以了。

打造创始人 IP 并不是一蹴而就的事情，而是需要一开始就做好设计与战略规划，知道什么时间该做什么事情，通过前期的积累实现最终的爆发。

思考

（1）打造创始人 IP，有哪些重大意义是你想要实现的？

（2）通过本章的学习，你突破了哪些认知？

第 2 章

创始人 IP 的商业闭环

大部分人都有一个巨大的认知误区,就是认为只有在拥有大量粉丝后,才可以开始变现。而真正理解个人 IP 商业闭环的人就知道,只要设计好变现闭环,一开场就能变现,边变现边进行,才能不断形成正向循环,获得正向的现金流,才能持续将企业运营下去。

很多人误解了打造个人品牌的目的,以为就是获得大量的粉丝,然后等待做到一定的量级再变现。而我在带学员的过程中,一开始就会设计一个变现的小闭环,再不断发展壮大。那么,多少粉丝就可以变现呢?1000 个粉丝吗?其实从 100 个粉丝就可以开始变现了。只要设计得当,慢慢地就会形成一个变现闭环,在闭环的基数上螺旋升级,更早更快地进入正向循环。我在《从 0 到 1 打造个人品牌》这本书中,就把过去带学员从 0 开始做起的细节写出来了,他们获得了奇迹般的进步,很多人就是从几百个粉丝开始的,3000 个粉丝一年变现 100 万元的也有不少。

很多人做传统生意,有 1 个客户的时候就开始变现了,所有积累就从维护 1 个客户开始。我刚来深圳时,在一家企业上班,我的老板就是从认识第一个客户开始变现的。他做礼品生意，从深圳的第一单开始，他通过第一个客户找到了 20 多个省份的客户，10 年间发展到了全国，生意规模也扩展到了几十亿元。

其实，传统的生意就是从最小的客户群体开始的，很多人从来没有深度思考过，传统生意和 IP 商业的逻辑是一样的，为什么打造 IP 需要几十万粉丝才开始变现呢，这不是耽误时间吗？

另外，更重要的是，一旦开始变现，就会形成闭环，会不断地迭代升级，快速抢占市场，而那些等待有了几十万粉丝才开始变现的企业，会错失最佳的市场时机。

这个误区是从哪里来的呢？

过去一度出现了很多倡导补贴市场、先获得粉丝再实现后期变现的超级案例，比如，京东、小米、美团、滴滴打车都是这么做的，所以市场也刮起了一阵风，大家都以为用现金补贴来获得粉丝，等待时间再变现是最正确的选择，是有格局的做法。

但是，这种做法有一个前提条件，就是这样的创始人，他们都有巨大的融资能力，能空手拿到几亿、几十亿甚至上百亿元的投资。他们的目的就是一统江湖，占领绝对的优势，后期获得巨大的收益，所以他们不在乎前期的投入，而且那些投入也不是他们自己的钱。

可是，这样的融资能力以及承担巨大压力的能力，是 99% 的创业者不具备的，而且这种做法的成功率不到 0.01%，在中国 7000 多万的注册企业中,通过这种方式成功的企业,就那么几家,十个手指头就数完了。他们的成功可以作为谈资,却不具有普适的意义。

我自己辅导的学员,一般是让他们从一开始就变现。很多学员的微信里只有 3000 人,就实现了年入百万元,先突破人生第一个 100 万元的门槛,然后边变现边完善自己的体系,实现螺旋式上升。在拥有 2 万私域铁粉、粉丝黏性比较高的情况下,学员就能实现千万元以上甚至几千万元的变现。这种方式的成功率非常高,只要不走弯路,不懒不傲、不停滞,大概率都可以成功。两种变现方式的对比如图 2-1 所示。

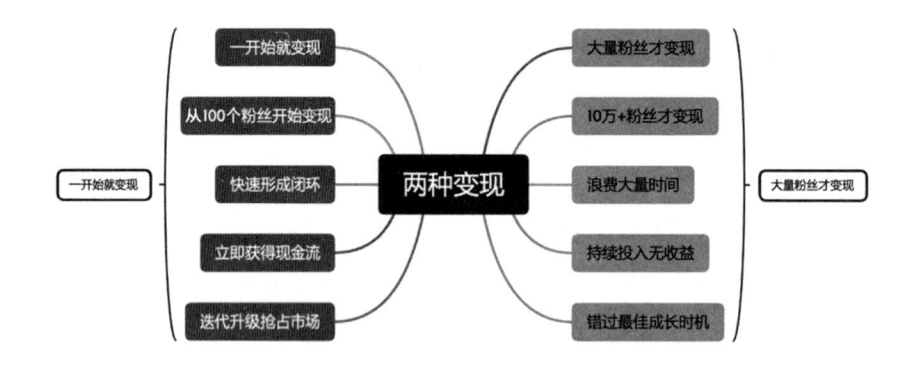

图 2-1 两种变现方式

其中,有一个做美业的学员,他拥有不到 1 万的私域粉丝量,通过团队作战的方式,就实现了年度营业额 2 亿多元。当然这需要有策略、有体系地布局,才能最终实现变现闭环。很多有几百万粉丝的大咖来我的公众号看我讲述案例,都觉得这件事非常震撼,颠覆了他们以前对于打造 IP 的认知。

我自己也是坚持这么做的。我的视频号和公众号没有太多的流量，我不做泛内容，也不追热点，不为了获得点赞和好评做任何违背内心想法的事情，只专注在自己的专业领域。但是我每次发售产品，都能够获得大量支持，20 万元的 IP 私教课，一次就有上百人报名；2 万元左右的年度训练营，一次也有几百人报名。我并不全收，而是会有针对性地挑选自己的学员。

在长期的创业过程中，很多创始人都积累了不少客户，甚至通过微信公众号、短视频账号等的运营积累了数十万粉丝，但这些客户或粉丝却没有为其带来丰厚的收益。为什么创始人没有实现高效变现？原因就在于其没有构建起自己的商业闭环。

创始人只有构建好商业闭环，才能够充分发挥个人 IP 的价值，实现多维变现。对外是实现了变现的闭环，对内是实现了为客户提供更高价值服务的闭环。所有的能持续变现、持续发展的 IP，都是因为找到了创造价值的闭环，在这个闭环内不断地螺旋式上升。我们更多要关注的是背后的价值，而不是成交客户的技巧。伟大的管理大师杰克·韦尔奇说，商业的本质是创造价值。樊登也说，创业就是解决一个社会问题。这才是变现背后的底层逻辑。

思考

(1) 对于这两种变现路径，你有什么感触？

(2) 对于变现背后的底层逻辑，你有什么感悟？

2.1 第一步，找准定位：找到自己的优势赛道

为什么找准定位是变现的第一步呢？因为做任何事情，起始点都决定了未来的发展。万事万物的发展一般都是从一个小点出发，然后慢慢壮大，形成势能，最后成就辉煌。起点的位置不对，会极大地影响变现的结果，甚至与预估的结果相差几十倍、上百倍。事实上每个人都具备天赋，都有多重选择，而选择最能发挥自己价值，同时客户又最愿意出高价的定位，才是高价值定位。

2.1.1 找准切入点，启动自己的个人品牌

在打造创始人个人 IP 时，除了找到自己的高价值定位，创始人还要找到切入点，启动高价值定位。

为什么要找到切入点？

一方面，有了切入点，创始人才能够快速吸引第一批客户，如果没有第一批客户，即使高价值定位再精准，变现模式设计得再完善，也无法实现变现闭环。

另一方面，找到准确的切入点进入，才有机会做大，甚至有机会扩展赛道，获得更多收益。

我自己的定位就是高端个人品牌教练。2023 年，我做了一场"一九私董会"的发售。当时有几万人预约了我的发售直播，有 100 多人下定金，订购了 20 万元/位的个人 IP 私教课。此外，"一九 IP 创修联盟和超级 IP 轻创圈"吸引了超过 1000 人的加入。很多互联网大咖都震惊了，纷纷来问我是怎么做到的。其实，我也并不是一开始就能做到这样的，在发展最初，我连一个粉丝都没有。

那么，当初我是找到什么切入点来启动的呢？

在 2018 年初，我建了两个群，一共 1000 人。我在群里分享如何写方案。我曾经给世界 500 强企业写了十多年的品牌营销方案，我能把写方案这件事拆分得非常细致，为群员提供干货，因此群员不断地邀请更多的人来加入。

在经营社群的过程中，很多人都会和我交流，倾诉他们的迷茫，比如不知道怎样找定位、怎样定价、怎样促销等。对于这些问题，我都耐心地一一进行了解答。这一时期，我的干货内容分享和解答都是免费的，我在社群连续分享了 582 天。

直到 2018 年的大年三十，我才开始卖个人品牌训练营。当时，我发布了这样一条群公告：大家好，我现在准备做个人品牌训练营，你们想参加这个训练营吗？公告发布完之后，仅仅一上午的时间，训练营的人数就招满了。

我的切入点就是社群分享，教大家写方案、做营销、打造个人品牌等，经过长期的分享后，最终以个人品牌训练营实现了转化。

打造个人品牌，不是要等拥有大量的粉丝才能开始，每个人的切入点都是不一样的，而且每个人也都有自己不同的切入手段。有的人擅长写书，那就从写书开始；有的人擅长录制短视频，那就从短视频开始；有的人擅长做线下沙龙，那就从线下沙龙开始。

有一次我去杭州，去了张德芬老师家做客。我们聊了成长与事业，也谈到了她的书。她 2007 年写了一本书《遇见未知的自己》，该书成为国内心灵成长领域的必读经典书。后来，在这个领域她又陆续写了几本书，《遇见心想事成的自己》《活出全新的自己》和《重遇未知的自己》，等等。这些书累计销售了 800 多万册，使她的影响力快速提升，最终让她成为华语世界深具影响力的个人成长作家，她也因此被评为"2009 年影响中国女性生活精英人物""2014 年十大品牌女性"。

后来她以书为切入点，延伸出了很多板块，她所创立的张德芬空间，包括课程和咨询，已经成为国内知名的心灵成长平台，帮助很多人实现了内在成长与事业发展。

前不久，我和另外一位来自中国台湾的老师李欣频去西班牙和英国旅行，她也是以写书作为个人品牌切入点的。一毕业她就开始写书，1998 年就出版了《成品副作用》，后来写了《广告拜物教》，接下来又写了《人生十四堂创意课》等写作和创意方面的书籍，十年间出版了几十本书，我几乎都看过，还推荐给很多人看过。李欣频老师曾经在深圳中心书城演讲，当时我还专门抽时间去听。2019 年，她出版了《人类木马程序》，还开设了人类木马程序课程，帮助很多人解除原生家庭木马程序、财富木马程序等。她依然还在坚持写书，目前已经写了近50本书！

写书是打造个人品牌的重要切入点，也是累积个人品牌资产的重要方法。写书还是沉淀知识体系、提升个人创造力的绝佳途径。我自己也写了《从0到1打造个人品牌》《人人都能打造个人品牌》及《从0到1写方案》，并计划每年都至少写一本书。

在明确高价值定位之后，创始人还需要找到合适的切入点来启动个人IP，以实现高价值定位。在这方面，创始人需要注意，找到的切入点必须要和自己的定位及之后的产品结合起来，以实现更高效的转化。

2.1.2 构建个人品牌资产，提升个人品牌势能

很多人对品牌资产有一个巨大的误解，就是以为资产就是钱财、工厂或产品。但对个人品牌及企业品牌来讲，品牌资产更重要的是那些无形资产。奔驰企业最重要的无形资产，就是"奔驰"这两个字及奔驰的标志，如图2-2所示。香奈儿企业最重要的无形资产，就是"CHANEL"和香奈儿的标志，如图2-3所示，奔驰和香奈儿都是创始人的名字。这就是两个顶级的创始人个人IP。

假如一辆车上没有奔驰的标志，你还愿意掏那么多钱买吗？肯定不会！

假如一个包上没有CHANEL的标志，你还愿意掏那么多钱买吗？肯定也不会！

图 2-2　奔驰品牌标志

图 2-3　香奈儿品牌标志

打造个人 IP，很多人非常容易忽视，甚至缺乏认知的一点，就是构建品牌资产。对于创始人个人来说，品牌资产是与个人品牌相关的一系列资产的集合，包括个人品牌名称、口号、背书等八大资产。创始人将这些资产积累下去，会极大地提升自己的影响力，让自己的势能更高，这样才会有更多的人主动搜索自己，吸引到更多客户。

流量是怎么来的？

一部分是企业主动去获取的，另一部分是通过品牌资产吸引来的。

但是大部分人打造 IP 都只知道主动去获取流量，而不知道通过构建品牌资产去吸引客户。

想要成就长久的、稳定的超级 IP，梳理品牌资产是非常重要且必要的一环。

2.2 第二步，构建产品体系：实现 IP 资产变现

我常常遇到一些自媒体达人，他们坐拥几百万粉丝，每年变现却只有三五百万元，这就是没有做好产品体系的规划。也有很多拥有十来万甚至几十万粉丝的视频号和小红书博主，一年只能变现几十万元，究其原因，其实也是没能深刻理解产品体系。

有一次在饭局上，我遇到一个有 500 多万粉丝的博主，他说一年能变现 1000 多万元，言语间满是自豪。我提出这种变现程度不算太好，旁边就有人说，一年收入 1000 多万元算差吗？年入百万元就是社会的精英阶层了。

他说的没错，年入百万元就已经超越了绝大多数人。但是，对于一个有 500 多万粉丝的人来说，这个变现就不是非常理想了。要么是粉丝太泛，定位不精准，要么就是产品体系没有做好。

这位博主认为已经变现得很好了，但是他没有经过对比，完全不知道其中的差距。他的企业还有 30 多位员工，除去人工成本，剩下两三百万元，相当于一个只有 1 万名私域粉丝的小 IP 的营收水平。

我有一个主要做孩子教育的学员，他原来的产品都是线下活动和培训，一直无法突破收入瓶颈。后来，他重新规划了变现产品，一年收益提升了接近 10 倍。

创始人需要围绕定位做产品矩阵。好的产品矩阵，是简单而有力量的。这位学员正是如此，他设计了 4 款产品，搭建了完善的产品矩阵，效果一下就显现出来了。

以前，他的产品定价都在 3000 元左右，主要是带学员参加线下活动。这就必然面临 3 个问题：

（1）产品的价格区间太近，没有高价产品，整体收益上不去。

（2）没有前端的线上产品，就没有流量池，客户成交困难。

（3）仅靠线下活动，没有开展线上业务，场地容纳的人数有限。

经过调整之后，他半年就有了很大的业绩突破，营业额从 100 多万元提升到 600 多万元，第二年接近千万元。

他具体做了哪些调整呢？

第一，增加前端流量产品，定价在 300 多元，为线上会员产品。增加这个产品不仅把很多观望的潜在客户变成了会员，还通过会员裂变了更多的客户进来，这就为销售高价产品打下了很好的基础。

第二，增加线上训练营，定价在 3000 多元，一下子就有 400 多人报名。这一个产品带来的收入就抵得上过去一年的收入了，同时还不受场地限制。

增加这个线上训练营的时候，他非常没有底气，说："这样的线上产品能卖掉吗？"

我说："当然可以！"

他说："那我们就先尝试卖个几十份看看！"

我说："你可以卖 200 份。"他对此感到相当惊讶。然后我们采用了裂变式发售的方法，第一次就售出将近 200 份，还裂变了很多陌生的粉丝进来。

第三，增加一款价格为 3 万元的私教产品，这个产品跟原先的产品相比，一下子提升了近 10 倍的价格，仅仅这一个产品就为他带来了两三百万元的收益。

做这个产品的时候，他就更惊讶了，担心这么高的价格不会有人买。但是后来在销售时，他发现很多家长排队购买，只能每期限定名额。

在设计产品体系时，一个好的产品体系往往包含三类产品。

第一类是流量型产品，这一类产品是用来构建流量池的。

第二类是利润型产品,这一类更多的是标准化的产品,也就是常规产品。

第三类是高价产品,这一类更多的是提升品牌价值的产品。

这个理念,很多人或多或少都知道,但是在设计产品的时候,仍会陷入自己以往的认知中,产生两大误区。

一是不敢卖高价产品,担心没人购买。这是很多人的卡点,他们突破不了自己的心理障碍,不敢卖。

人性有一个巨大的弱点,就是恐惧,对未知的事物不敢尝试,不敢突破内心的舒适圈。如果没人陪伴,很多人几年甚至几十年都无法突破。还有一部分人是突破不了交付关,虽然卖掉了产品,但是不知道怎么设计交付环节,导致交付失败。

二是不懂得线上流量池产品的威力。这就导致做了一两次之后,很多人发现转化越来越低,业绩直线下滑。明明自己的视频平台上有几十万、上百万粉丝,为什么转化越来越差了呢?

成交有一个关键因素,就是100%的信任度。虽然有流量,但是没有流量型产品,粉丝对自己的信任度最多停留在百分之六七十,而客户的转化需要100%的信任,99%都不行。真正厉害的IP,会构建一个巨大的流量池产品,反复不断地传播自己的理念。(理念部分详见本书第4章。)

不懂得线上流量池产品的威力,就无法深刻理解它背后的逻辑,也就无法用尽全力去做。《大学》中讲道："《诗》曰：'周虽旧邦，其命维新。'是故君子无所不用其极。"意思是周朝虽然是旧的国家，但是文王能秉承天命，竭尽全力，除旧革新，使国家和人民焕发出新的生命力。"无所不用其极"不是指用尽手段做坏事，而是指真正的君子做事用尽心力，力求达到最完善的境界。

做流量池产品也是一样的道理，既然大家都知道这个产品如此重要，关系到未来的发展，那么就竭尽全力去做。当你的流量池产品中，有1000人、3000人、10000人的时候，你会发现你做什么事情都变得容易了。所以，我们的策略要从经营流量转移到经营流量池产品上。

2.2.1 打造：IP 变现的 9 大产品形式

IP 变现主要有 9 大产品形式。

（1）课程产品：无论做线上课程，还是做线下课程，都是 IP 变现过程中比较容易操作的产品。

（2）咨询产品：在未来，各行各业都会需要大量的咨询师，如心理咨询师、文案咨询师、商业咨询师、创业咨询师、IP 导师、流量咨询师、短视频咨询师、冥想咨询师、会员咨询师，等等。除此之外，我的学员中还有农业高产咨询师、身心成长导师、疗愈咨询师、修身咨询师、青少年成长咨询师……

（3）广告产品：承接第三方广告，获得收益。

我有个学员是小红书博主，全网有上百万粉丝，她的主要变现途径之一就是接广告，每天的广告收益在 1.5 万元到 10 万元之间。她最重要的工作就是录制短视频，以扩大粉丝数量，通过承接高品质的广告来变现。

（4）实物产品：一个 IP 不仅可以通过卖知识变现，更多的可能是销售实物产品，像护肤品、茶叶、香水、精油、服装、书桌、健康品，等等，都是 IP 变现的好选择。

（5）会员产品：每一个 IP，都可以设计会员产品来构建流量池。

（6）私董会产品：一种私董会是做圈子，供大家相互认识连接；另外一种私董会是私教类私董会，比如，"一九私董会"就是一个收费 20 万元的年度私教产品。

（7）项目产品：IP 除了开发自己的知识产品和实物产品，还可以与他人合作开展项目，让对方交付。

（8）出版书籍：出书是打造 IP 的方法，书籍也是一种产品形态，我自从出版了《从 0 到 1 打造个人品牌》和《人人都能打造个人品牌》后，就决定每年至少出一本书。

（9）股权投资：当一个 IP 做到一定程度，就可以参与项目的投资。一九体系下除了有课程，有咨询，还有投资板块。

2.2.2 发售：一次发售完成一年业绩

为什么这里用的是发售，而不是销售？有一家企业，他们从来不做销售，但是业绩依然好得不得了。我每次去一个城市，就会习惯性地去他们店里参观，但是从来没有一个销售主动向我售卖东西。这家企业的所有产品销售都是通过一年一次的大发售来进行的，这家企业就是苹果。

发售这个方法，被乔布斯用到了极致。我们来对比一下，很多企业一开始就会招聘很多业务员，随着企业规模的扩大，业务员也会进行扩招，业绩是随着业务员数量的提升而提升的。这些企业采用的方式就是一对一的销售，这种方式既消耗人力又不可控，经营成本会无限上升。可是发售就不一样了，一个人通过一次发售就能把产品的功能、价值、理念全部讲清楚，一次实现爆发式成交，一次完成大半年的业绩，就会有更多的时间去好好地做交付。

发售有五大优势：一是节省人力成本，二是造成更大的势能，三是提升品牌价值，四是裂变更多粉丝，五是节约更多的时间成本。

我自己出来创业的时候，就在想一个问题，我最擅长的是逻辑思考，谋篇布局，但是性格内向，不喜欢跟陌生人打交道，不喜欢去吃饭喝酒，更不喜欢上门拜访客户，那怎么办呢？在这种情况下，我能不能给自己找到一种方法，不用拜访客户，甚至都不用一对一面对客户，就完成成交呢？然后我就找到了方法，就是发售。

我每年会进行两次到三次的发售，其余的时间全部用在交付上，加大交付的深度。后来我总结出了一套"裂变式发售"体系，还获得了国家知识产权认证。我自己的"一九读书会"发售，报名1000多人；"一九IP创修联盟"发售，16800元的客单价，一次报名近200人；一对一个人品牌私教产品发售，20万元的客单价，一次报名100多人，而且每次发售都会裂变数千个私域流量。我把这套体系全盘教给学员，让他们通过同样的操作也得到了惊人的收获。身心成长领域的学员，一次发售突破600万元业绩；教授演讲的学员，一次发售实现200多万元业绩；做茶叶生意的学员，一次发售突破500多万元业绩；做农业卖化肥的学员，1个月的发售突破1000万元；还有做食疗的学员，做了一次周年庆发售，就突破了1600万元……这样的例子每天都在发生。

我们再来分析发售和销售的区别，这5大优势之中，最重要的是提升品牌价值。如果一对一成交，无论你成交多少客户，都没有势能的提升。大众有一种从众心理，人们看见一场发售会，有一大堆人在排队购买产品，会很好奇，就有一种要去抢购的心理，马上就下单了。所以，发售的品牌效应是一对一销售无法比拟的。

2.2.3 交付：从IP到超级IP的硬本领

什么是商业的本质？

很多人可能听说过，"商业的本质是流量"，只要你有流量，就能实现销售转化。他们会列举很多的案例，谁谁谁获得了很多粉丝，所以实现了变现，一年赚了几千万元甚至数亿元。然后又说如果哪天发现流量无法增长了，销售也就停滞了，所以获取流量就是创业最重要的事情，等等。这样的说法层出不穷，但是，商业的本质真的是这样吗？如果一个创业者，无法理解最本质的东西，是绝对走不远的。

著名的管理大师杰克·韦尔奇曾说过，商业的本质是创造价值。樊登也说，创业就要找到一个足够大的社会问题，去解决这个问题。所以商业的本质，是创造价值，为社会解决问题。深度理解了这一点，才能持续不断地实现业绩的增长。

有流量思维可以成为一个小 IP，实现百万元乃至几百万元的变现量级；有交付思维可以突破千万元级，乃至带动企业发展成为过亿元级的超级 IP。

打造创始人 IP，第一重要的事情，就是要把最重要的时间投入在交付上。我一直强调"轻成交，重交付"，有人一定觉得这样做就是浪费创始人本人的时间，而创始人应该花最大的精力去做流量，然后组建团队来负责交付。组建团队去交付当然没有问题，但是，创始人本人仍然要在交付上投入精力，去监控，去制订交付的标准，去跟客户近距离地交流。可能很多人不理解这种做法，甚至被很多错误的思想迷惑，说要做批量化交付，要轻交付，这样才能容纳更多的客户，实现最大化的变现。

什么才是最大化的变现呢？是你经营的时间足够长。品牌的价值随着时间的推移，越来越值钱，在最开始的时候，赚的是卖产品的钱，赚的是物质上的等价交换。在品牌积累数年后，会产生品牌溢价，客户买你的产品，不是物质上的等价交换，而是物质价值加上品牌价值。

你愿意花几万元买一个 LV 包包，是因为那个包包做得足够坚固、十分耐用吗？绝对不是！你购买的是它的品牌价值，这个品牌价值溢价了多少倍呢？如果按照物质上的等价交换，这个包包可能只值几百元，但是，它溢价了 100 倍。创始人的个人品牌也存在巨大的溢价空间。比如，你去购买一个名家制作的手工茶壶，可能要花上万元，但是一般的茶壶只需要几百元；一双名家定制的皮鞋、一件名家定制服装要几万元，一般的皮鞋、衣服只要几百元，这中间的差距，就是创始人的品牌溢价。

在未来，将会有数百万这样的创始人，他们因为长久地提供高价值的服务、精细化的产品而获得更多客户的信赖。这个时代，马上就会到来。

我在做私教的时候，会花 70%的时间去做交付。为了解决一个学员定位的问题，我会花上一整天的时间，沟通他过去几十年都做了什么，性格上有什么特点，有什么天赋优势，做什么行业，有什么资源。我只有花大量的时间，研究学员的特点、他所处行业的特点，才能做出最精准的战略定位。

为什么要花这么长时间呢，因为要做最正确的交付。做咨询不怕花钱，最怕得到一个错误的答案。除了深度沟通，日常也需要花大量的时间做陪伴，我每个月都会和客户过月度总结、月度计划，并调整年度计划，每一次发售要过发售策略、产品策略，这些都需要花时间。我的做法就是在交付上狠狠下功夫。

有一个词叫"近悦远来",这就是我坚守的理念。有一次,叶公问孔子如何治理国家。孔子说:"近者悦,远者来。"近处的人喜悦了,远处的人就会自己来。我每年都会去跟华杉老师学习,他的企业华与华,目前是中国的品牌咨询企业里收费最高的,他坚持的原则也是近悦远来,先把已经有的客户服务好。为了帮客户做方案,他们会去帮客户卖货,直接站到最前线,深度地了解客户,帮助客户解决最实际的问题。

在交付这个理念上,只有向伟大的企业家学习,才能学到最本质的东西。孔子的近悦远来,是给谁交付呢?他说的是治国方针,就是给老百姓做交付啊!华杉的近悦远来,是给那些年度营业额在几十亿元甚至几百亿元的企业做交付。向最厉害的人学习,走正道,才是创始人 IP 长久的发展之计!

思考总结

读完这一章,你有哪些感悟,你打算怎么做?

第 3 章

定位：高价值定位获得 100 倍收益

什么是定位？就是用一句话说清楚你是做什么的！

有一次，我跟一个做投资的学员吃饭，他带了一个朋友一起来。我问这个朋友是做什么的，他就跟我讲他的企业。他花了大概 10 分钟，讲他名下的 7 家企业，分别是做电子的、做元器件的、做医疗设备的等。我什么都没有记住，到现在都不知道他是干什么的，更是早就忘记了他那 7 家企业的名字。

我当时就很直白地问了一句话："你不太赚钱吧？"他万万没想到有人问得这么直接。他说，确实不赚钱，只有 1 家企业在赚钱，3 家企业勉强维持，3 家企业亏损，搞得自己焦头烂额。

假如一个创始人，10 分钟，当面讲，都没有讲清楚自己究竟是做什么的，那么这 10 分钟的广告真是白打了。他没有办法向外讲清楚，别人也就没有办法去买他的产品。

我们假想一个场景，你请一群朋友吃饭，一桌菜花了 5000 元，大家吃得很开心，但是所有人都不知道你是干什么的。也许他们知道你开了 3 家企业，4 家企业，5 家企业，但是他们却不知道你究竟是干什么的，他们也不会向你购买任何产品，那么你这 5000 元就白花了。

而参加饭局的小刘，他一直在强调自己是一个高级家装设计师，给 A 敬酒时，他说自己开了 10 年的家装企业，最注重家的自然生态、个性化设计；给 B 敬酒时，他说自己给某个明星装修过别墅，那个格调实在是普通人难以想象的；给 C 敬酒时，他说自己给互联网千万粉丝级别的大咖装修，智能化设备覆盖全屋，那才是现代人真正应该居住的地方……全场人听完，都觉得自己应该把家砸了找他重新装修。你牢牢地记住了他是一个高级家装设计师，有一天你若添置新房，那他就是首选，这就是定位精准的巨大好处。

定位精准和不精准，从长远来看，会使你的事业相差千里！定位不精准，给创始人带来的损失是非常巨大的。没有精准定位，你哪怕花 1000 万元去投广告，这 1000 万元也相当于直接打水漂了。我有一个习惯，就是经常在乘坐电梯时看电梯广告，每次看到一些定位不精准的广告，就深感惋惜，因为广告费白花了！

定位，就是"你是做什么的"。就这么简单，一句话讲清楚，最好这一句话不超过 7 个字，千万不要把概念描述得过于复杂，一旦复杂也就失去了力量。

你去参加一个大型的活动，主持人让你做 5 分钟的自我介绍，然而你洋洋洒洒讲了很多故事，可是最后大家记不住你是做什么的，那么你就白白浪费了这么好的机会。

我去参加任何一个活动，都会这样介绍自己：我是王一九，高端个人品牌教练。我有以下 5 个标签：

第一是连续 5 年都做个人品牌教练；

第二是连续 15 年做世界 500 强企业的品牌顾问；

第三是为 1 万多名学员打造个人品牌，私教学员收费 20 万元；

第四是写了 4 本关于个人品牌打造的畅销书；

第五是暨南大学个人品牌智库导师。

以上这段介绍，全部围绕"个人品牌"这 4 个字，反复讲、讲透彻。我还有别的标签吗？有的，比如我可以介绍我做投资或讲儒学，但是我很少提到这些，因为要让别人聚焦在一点，别人才能记忆深刻，才会通过这些关键字搜索我的公众号，找到我。

你所有的流量，都来源于你的清晰定位。别人因此而来，这叫高价值的精准流量。

定位清晰有什么好处呢？主要有以下 3 点。

1. 定位清晰，不走弯路

从长远来看，是否对个人品牌有清晰定位所产生的价值差距是非常巨大的。清晰的定位对创始人打造个人品牌来说是至关重要的事情，而且是第一件要做的事情，因为这件事情是所有事情的原点。如果这件事情不做，那你就不知道往哪里走，所有的努力可能都会白费。

当我们开车时，我们一定要找一个定位。我想从深圳去北京，我得把终点定到北京，否则的话，无论怎么开，都开不到终点。你如果不知道往哪里去，那么所做的一切都是在浪费时间。其实打造个人品牌本身根本不需要花太多的时间，只要定位清晰，我们要做的事情是非常少的。定位越清晰、越明了，做的动作就会越简单、越精准，你的粉丝的黏性也就会更高。

2. 定位清晰，客户就像滚雪球一样越滚越多

我有一个学员是做演讲的，我再三嘱咐他千万不要去改变这个定位。当他在做这件事情的时候，身边的很多人并没有立刻来买单，但其实他们都在暗中观察。

在他做第一年的时候，也许大部分人并没有来买他的产品，甚至都没有跟他产生任何互动，没有给他点一个赞。他不知道这些人在哪里，但是他们一定站在暗处，他们很清楚他在干什么。

到第二年的时候，这些人之中，有人想要找一个演讲老师，在分析了很多老师之后，仍然下不了决心，他们可能依然没有购买他的任何产品，或者只是购买了少量产品。但他们或许已经暗暗下定决心，等明年业绩变得越来越好时，就来购买他的高价值课程。

假如，第三年的时候，这位学员的定位变了，他不再做演讲了。那么先前想要买课的那些潜在客户就会想，幸亏没有报他的课，因为这个

人做事太不专心了，如果报了的话，那自己的钱就打水漂了。

这种想法是人之常情。这就是为什么我们在一个定位上要尽量坚持，不要轻易地改变自己的定位！

假如，潜在客户在第三年的时候正想报这位学员的课，而他的课从 10 万元涨到了 15 万元。那这个时候客户就会想，这个老师如此用心，一直都坚持在这个赛道上努力，他的专业我亲眼所见，从第一年到第二年，再到第三年，从 1.0 版本到 3.0 版本，再到 5.0 版本，课程不断地升级，我真是后悔当初没有早一点报他的课；他的课程最开始只需要 5 万元，如果当时报的话，我就省下了 10 万元！而且如果两年之前就入手，我现在应该有很好的成绩了！通过这个案例，大家就能看到，定位的改变会给潜在客户的心理造成多么大的影响！

定位一旦定下来，潜在客户都在观察你。有的潜在客户是在一开始就来了的，有的是第一年来的，有的是五年之后来的。一旦你定下来，坚定地去做，你就不用担心客户少的问题了，因为他们会像滚雪球一样不断扩大，一次又一次地引爆你的事业。

3. 定位清晰，发挥与生俱来的才华

一个人的一生，时间是有限的，能做的事情很多，但是要有选择。只有符合自己天赋的事情，才能发挥自己的最大价值。而在自己天赋之外的事情，即便是遇上大风口，遇上自己的巅峰状态，也无法最大化绽放，只能埋没了一身的才华。

很多人容易犯的错误就是跟着风口走，什么能赚钱马上就跟过去，从来没有考虑过自己能做什么，不能做什么。有的人从不追风口，而是根据自己的天赋提前布局，提前站在路口等风来。每个人都是独特的，都有自己与生俱来的才华，大家可以想想，语言天赋、音乐天赋、社交天赋、逻辑与数学天赋、空间天赋、自我认知天赋、自然天赋，你具有哪种天赋呢？

3.1 选好赛道，聚焦高价值区

定位首先看赛道，赛道主要看两个方面，一是行业，二是周期。

第一是行业。要看行业的规模、成长性等，比如大健康行业，这是一个巨大的蛋糕，接下来就看在这个大行业中你选择哪个赛道，是医药、养生、食疗，还是运动，然后再看细分市场。

第二是周期。所有的行业都有周期，很多人在定位的时候，没有从全局去看，往往看好的行业其实已经发展得相对成熟了，那么此时再作为新人进入就不会有很大的机会了。

我的一个私教学员王鹏，他的企业有 4 类产品，分别是桑黄茶、面膜、沉香和精油。这 4 类产品，最高峰时一年有几千万元的营业额，但近几年盈利一直没有得到很大提升，而且呈逐年下滑的趋势。要知道这几种产品，都不是刚需产品，是需要花费巨大的推动力，才能成就的品牌。

2021年他来向我咨询如何在经营上进行改进，才能实现企业盈利的突破。

那个时候，他没有广告费用的预算，没有庞大的团队，也没有足够好的资源，那么，究竟如何破局呢？

基于各种条件，他不能采用原来做企业品牌营销的打法。因此我们首先确定了一个破局方向，就是打造创始人个人品牌，通过提升创始人本身的影响力，来带动企业品牌的发展，以实现销售业绩的提升。

第一个要解决的问题，就是创始人的个人品牌定位。

哪个产品更能够与其个人品牌相结合，发挥出最高的价值呢？

首先，面膜显然不适合，因为市场上的面膜产品实在太多了，做这个领域很难突出自己独特的优势。面膜这个行业，已经处于成熟期，有很多竞争对手：在线下，高档品牌在商场已经盘踞多年，很难进入；在线上，微商已经完成了一轮又一轮的进攻。

其次，精油是一种小众产品，目前的客户群体并不大，虽然属于大健康领域，但是国内的精油行业还处在萌芽期，需要投入大量的精力来培育市场。

最后，在沉香和桑黄茶之间应该选择哪个呢？在交流过程中，王鹏表示，他更了解桑黄茶。桑黄茶是桑树的结，具有很高的养生价值。桑黄茶具有活血、降糖、化饮等功效，能够调理人体机能，增强身体免疫力。同时，桑黄茶还能抑制肿瘤细胞的生长，具有一定的抗癌作用。另外，他有桑黄茶的基地，可以组织以桑黄茶为主题的参观、旅游，让更多的人了解桑黄茶。

了解了这些之后，我问他，在中国做桑黄茶推广的人多吗？他表示并不多。于是我建议，让他做桑黄茶的推广人，向着中国桑黄茶推广的领军人物这一方向发展，构建桑黄茶的产业链。这样一来，王鹏个人品牌的价值，就不是单纯的几百万元或几千万元资本可以衡量的，而是一个非常大的产业链，甚至可以为桑黄茶代言。

王鹏听后，非常激动。虽然他之前一直在做桑黄茶产品，但是没有把这件事上升到一个战略的高度。他十分认可我的分析。于是最后，王鹏确定了自己的定位，那就是"中国桑黄茶推广人"，从此聚焦在桑黄茶品牌上。

那么，怎么通过创始人的理念进行传播呢？

第一步，根据他过去积累的生命能力课程经验，他为自己增加了一个标签："生命健康与财富能量导师"，这非常符合桑黄茶健康、养生的特点。

第二步，形成一套健康与生命能量理念体系，开设线上训练营和线下课程。

第三步，制造引爆点。开展大事件，扩大影响力，第一次大事件获得 10 万人的场观。

最开始，选择聚焦这个赛道，他们团队还有所犹豫，因为从原本的几个产品变成现在的一个产品，他们认为会降低销售额，减少利润。但是事实证明，恰恰是因为聚焦在最高价值的赛道，才使他们能集中精力，做最有价值的事情，最终产生最大的利润。

第一次规划线上产品发售的时候，我问他们准备定什么样的目标，他们说定成交额10万元，因为没有经验。我说，太少了，要敢想。他们说那就定成交额20万元吧。结果第一次发售产品，成交额超过了150万元，更重要的是获得了1000多个精准客户，为下一次发售奠定了基础。

第二次发售成交了500万元，并在第一年带动企业实现了千万元以上的业绩突破，更重要的是因为打造了创始人个人品牌，汇聚了一批全国各地的城市代理团队。

除此之外，产品发售还吸引来了意想不到的资源，多家大型机构开始找他合作，其中包括几家三甲医院。另外，还有5个城市的代理商自发地组织开展线下活动。

随后，我又帮他策划了长白山桑黄茶基地追溯之旅、5城联动等影响力大事件，仅仅1年的时间，原本已经在走下坡路的企业就实现了破局并获得了飞速发展。

3.1.1 选好细分领域，聚焦一点

同一个赛道有不同的细分领域，而不同的细分领域能产生的市场价

值相差甚远。那么，选择细分领域主要看哪几个因素呢？

第一，看周期，这个细分领域是处于萌芽期，还是快速发展期，还是成熟期。

第二，看市场容量，有的细分领域是万亿级的市场，有的细分领域是千亿级的市场，而有的细分领域充其量只有几十亿的市场。

第三，看价值，有的细分领域的产品客户愿意高价购买，而有的细分领域在客户心目中就是低价值的，低价值领域的产品客户是不愿意出高价购买的。

第四，看刚需程度，有的产品是客户必须购买的产品，而有的产品是可买可不买的产品。对于可买可不买的产品，销售的难度就非常大了。

第五，看趋势，未来这个细分领域是否有广大的发展空间，如果没有发展空间，那么断然不选择。

3.1.2　茶叶老板，聚焦细分领域，开拓百城市场

在 2022 年年底，王鹏的团队又来深圳找我，想制订 2023 年的战略方向。第一年打了一个胜仗，第二年是不是可增加新的产品了呢？我问他们，桑黄茶究竟有哪些功效是特别明显的，答案是在对血压的调理、对血脂的调理、对结节的调理等方面都非常有效。我再继续追问，对哪个方面的调理最有效呢？大家都说，是结节，尤其是乳腺结节！

我据此帮团队分析，市场上调理高血压和高血脂的药物、保健品已经有很多了，推广力度也非常大，而且很多人都更相信医院，所以这方面没有太大的优势。而对于结节的调理，目前没有太多的选择，很多人只能去医院治疗。虽然对于医院来说，结节不算是严重的疾病，要么手术，要么保守治疗。但是结节是有可能发展成肿瘤的，不管是良性的还是恶性的，对身体的伤害都极其巨大，而且要花费大量的费用。所以，这就是一个巨大的社会问题。如果能帮助中国女性解决这个问题，那么他们团队将会迎来全新的发展。

那么，有结节的人多吗？王鹏说至少有几千万人，不仅有乳腺结节，还有别的结节。这是一个巨大的细分领域，而且是很多人没有关注的领域。乳腺结节大都是因为情绪和食物引发的。针对这方面，王鹏在对结节的调理外，还搭配了冥想和心灵调理，效果更好，这就为他提供了更加独特的附加价值。

于是，我再一次帮团队定下战略，这个战略不是增加产品，而是减少产品。你可能会说，只剩下桑黄茶一个产品了，还怎么减少呢？这是很多创业者没有想到的，几乎颠覆了大部分人的认知。很多人在做好一个产品之后，会马上增加产品线，拓展更多的领域，这是大部分人正在做的事情。

那么，该怎么减少呢？那就是聚焦在桑黄茶结节调理这一个功能上，锁定这个细分领域，一点穿透，一招制胜。把桑黄茶的 10 个功能，减少到只卖一个功能，这就等于把一个产品做成了 0.1 个产品。

这个做法其实并不新鲜，在特定的领域早已存在，尤其是在医药和保健品领域。比如有的厂家卖人参，他就主要宣传是用来补气的，但其实人参不仅补气，还有很多别的功能，可是他就主卖这一点。比如阿胶，你一定知道阿胶补血，但不一定知道它还有很多别的作用，可是阿胶厂家一般只卖这一个功能，把它卖透彻了比卖很多功能更具有穿透性。这就是战略性的选择。

随后，为了帮助团队实现战略目标，我策划了"结节无忧，百城联动"项目。去年他们做了 5 城联动，算是打样板，总结经验，事实证明非常成功，所以今年正好可以顺势去做百城联动。

3.1.3　小红书导师，重新定位提升 10 倍收入

我的一位学员鱼妈妈，之前是做营销课程的，收入一直很普通。我通过面对面地咨询，对她的个人 IP 进行了战略性的调整和定位，1 年多的时间，她的收入就翻了 10 倍。

这是怎样实现的？

当时，她做营销课程遇到了瓶颈，亟须找到一个解决方案。

在看了我的书《从 0 到 1 打造个人品牌》后，她觉得里面的内容非常系统，然后就通过书中的二维码联系到了我。

在面对面沟通时，我们首先就定位问题进行了深刻的讨论。

她说，自己曾经定位在营销赛道，教客户怎样做营销，如朋友圈营销、微信营销等，收入还不错，但很快就遇到了瓶颈，收入难以实现大幅提升。

她问："以我现在的处境，该怎样突破瓶颈呢？"

我说："先不着急，我们首先要研究的不是改进方法，而是确认你所做的事情是不是在高价值点上。"

我问她："除了教授营销课程，你还在做些什么？"她表示自己正在经营小红书，已经小有所成。

我又问："你能不能教别人做小红书呢？"

她听后显得有些犹豫，表示自己在营销领域的经验比较丰富，但在做小红书方面，不确定自己是不是特别擅长，也没有尝试过教别人。

显然，她在定位的赛道选择上有些犹豫。于是我和她分析了关于"做小红书培训"和"做营销培训"这两个定位的差异。

1. 从自身优势的角度出发

她虽然在营销赛道打拼多年，拥有不少实践经验，但并没有在大型营销企业工作过，难以驾驭大项目的营销策划，因此，那些年度营业额超过1亿元的企业几乎不会考虑与她合作。即使她从现在开始在营销领域持续深造，也难以在这个竞争激烈的赛道获得更大的成就，实现的变现量级是非常有限的。

但从小红书赛道来说，良好的小红书运营需要有很强的文案能力、视频展现能力和与粉丝共情的能力。这三种能力都是鱼妈妈的优势所在。同时，小红书有大量女性用户，其中很多是已婚女性，而鱼妈妈恰好也是一位母亲，更容易引起这些用户的共情。

那么在这条赛道上，会不会有营业额超过1亿元的企业找她做咨询呢？答案是显而易见的，因为这是一条全新的专业赛道。果然在1年后，就有年度营业额十几亿元的护肤品企业老板专程去杭州找她。

2. 从未来市场发展空间来看

营销领域是一个老赛道，不仅竞争激烈，也不具有高速发展的潜力。相比而言，小红书这个赛道展示出了高速发展的趋势，拥有更大的发展空间。

听完我的分析后，鱼妈妈不再犹豫，坚定了做小红书培训的方向。而这时，她也提出了接下来的问题，那就是：现在已经有一些人开始做小红书培训了，自己该如何打造优势？

我告诉她，做一件事情的关键不在于现在强不强，而在于符不符合自己的天赋。如果符合自己的天赋，再加上符合未来的趋势，那么发展的速度就会很快。而能力是可以通过学习提升的。对于鱼妈妈来说，营销经验丰富是其优势，瞄准小红书赛道也是其优势，两个优势结合，便能够充分发挥其优势势能，引爆个人IP价值。于是，鱼妈妈的高价值个人IP定位就清晰了：超级擅长营销的小红书IP导师。

这个 IP 定位不仅够细分、够精准，还能够融合鱼妈妈在营销方面的优势，展示出其个人 IP 的独特性。这样一来，鱼妈妈的个人 IP 也能够和那些单纯做小红书培训的导师有所区分。

人们常说"选择大于努力"，在创业路上，选择一条合适的赛道能够达到事半功倍的效果。在个人 IP 定位方面，创始人需要准确判断定位的变现能力，找到通过同样的努力，能够带来更高价值的定位。

同时，在选择赛道时，创始人要对自己进行全面的分析，以自己最擅长做的事为基础来明确核心赛道。在"最擅长做的事"之外，创始人还要综合分析赛道的竞争情况、未来发展情况等，找到自己的优势赛道。

3.1.4　食疗平台创始人，重新定位开启高速发展路

我有一个学员爱华，她是食疗平台的创始人。她本来在香港有自己的投资企业，后来因为给自己的家人做食疗调理而爱上了食疗，几经辗转，在长白山定居下来，并拥有了自己的食材种植基地。那么作为一个食疗平台的创始人，该如何定位自己呢？

过去，她把自己定位为创业导师，因为她手下有很多代理商，其实也是在创业，于是她就成为他们的创业导师，教他们如何销售，如何带团队……

这是很多平台的创始人在做的事情，他们各自情况不同，这种做法是否合适需要具体分析。

后来爱华来到一九私董会,向我请教定位问题。

作为一家食疗平台的创始人,什么身份最能打动客户呢?我们来想一想。这个行业的特殊性,就是极其需要高信任度,因为它和中医有类似之处。假如一家中医馆 A 的创始人不会中医,而另一家中医馆 B 的创始人是一个知名中医,你愿意去哪一家呢?大概率人们会选择中医馆 B,因为觉得这家中医馆更专业,更值得信赖。

就像很多骨科医院的院长本人就是骨科医生一样。你可能会说,有的医院院长也不是医生,甚至对医疗一窍不通。是的,确实有这种情况,但是作为中小企业的创始人,如果自己本来就会技术,那么在市场推广的过程中,就既能节约广告费,又能迅速提升影响力。比如老干妈这个品牌,老干妈本人就是第一技术人员,这本来就很有说服力,更重要的是有故事,有情绪,人们更愿意传播。

我问爱华:"你喜欢食疗吗?你亲自为客户配方吗?"

她说是的,她都亲自去做,亲自去拜访多位老中医,亲自读很多食疗书,亲自为客户看舌苔。

我说:"那你的定位就应该是'食疗师',你就是你们平台的首席食疗师,而且你是因为想要为家人调理身体才走上这条路的,这就更有故事了!"

事实上,爱华作为食疗师比作为创业导师的力量大 100 倍,从长远来看,甚至大 10000 倍!因为在创业导师这个市场中,和别的创业导师相比，爱华完全被淹没其中，很难成为这条赛道中的佼佼者，但是她却可以成为食疗师中的首席食疗师。

作为食疗师，她可以在全国乃至全世界去推广中国的食疗，顺带提升企业的业绩。不仅如此，她还可以开展食疗师的培训，让更多的人成为食疗师。培训结束后，再进一步让他们成为企业的代理商或者合伙人，整个平台的规模自然而然会迅速扩大。

听了我的分析之后，她非常兴奋，于是就开始了第一期食疗师培训招募。

我说第一期先招募 50 人，她感到压力很大。我们制订了招募方案，分渠道和人群来招募，结果第一期就招募了 70 人，第二期也很快报满。随后，我们策划了艾草采摘节和周年庆典，一个多月产生了惊人的 1800 万元业绩，把一年的业绩都提前完成了。

其实，这个定位改变的重要性不在于一两个月的业绩突破，甚至不在于一年半载的业绩提升，而在于战略方向的确立。从创始人的定位，到食疗师培训，到食疗师培训机构，再到食疗代理，一连串的规划，就形成了一个完整的商业闭环链条，目标就是占据中国食疗这个细分领域。

总结：创始人进行个人品牌定位，不仅仅是发挥个人的价值，而是通过创始人来完成一个商业闭环，把创始人的影响力发挥到最大，为企业节约广告营销成本，提升企业在整个赛道中的江湖地位。

3.2　选准最大天赋，让自己的人生绽放

人们在做定位的时候，最容易忽略的就是自己的天赋，很多人总喜欢向外寻找，觉得外面有很多风口，有很多赚钱的机会，还有的人觉得自己拥有了很多的资源。但是，在定位中最大的资源就是自己的天赋，那些风口、机会和资源与自己的天赋相比，都是外在的条件。内在丰盛自足，才有持续绽放的底蕴，如果放弃了内在的天赋，只追求外在的东西，那就是舍本逐末。

《大学》中提倡"物有本末、事有终始，知所先后、则近道矣"。什么是人生的本，什么是人生的末，内在为本，修身为本，其他的都为末。人们不敢做自己最喜欢的事情，不敢全然投入地去做，其实就是对自己不自信，而真正的人生绽放是对自己全然相信，因为每个人都本自具足。

在定位时，人们犯的最大的错误，就是对自己的天赋不够重视，以为自己学会了很多知识，就擅长做很多事情。事实上，所学的知识跟天赋相比，不值一提。什么是天赋？就是你不用太过努力，就已经超越了很多人。我们往往用尽了力量去学习外面的知识，却不知我们本来就有极强的感知能力和判断能力，只要用好自己的天赋，做起事来是毫不费力的！

3.2.1　知识付费老师，定位一改提升 10 倍收入

我的一个私教学员洇冰，曾经是一个平台的讲师，为平台创造过数千万元的业绩。她身高 1.8 米，走起路来呼呼带风，一看就非常有自信、有魅力。她会很多知识，后来自己创业的时候，一年能开 10 门课，是一个特别有能力的人。

她都开了哪些课程呢？ 能量色彩课、女性魅力课、服装搭配课、演讲课、时间管理课、 文案课、发售课和私域运营课等。

反正，每开一门课都有人买单，每次能都卖个一二十万元，每年她都能轻轻松松赚一两百万元。

最开始，她非常开心，因为每开一门课都能赚到钱，可是时间一久，她感觉越来越不对劲，因为她始终没有实现自己最大的价值。而且，每开一门新课都要准备新的内容，也很辛苦，更重要的是，没有把任何一方面发挥到极致。

而最让她受不了的是她发现那些曾经和自己一样的人，加入了一九私董会后，在短短几个月内都发生了巨大的变化。她那么骄傲的一个人，内心所受的冲击可想而知！

后来，她来深圳找我咨询，解决高价值定位的问题。她事后回忆说，那是一次惊心动魄的历程。

我们是边喝茶边谈的。是不是一开始就谈这10门课哪门更能赚钱呢？不是的。

首先，我跟她探讨了一上午她的个人天赋，测试她的能力圈。

一个人只有在自己的能力圈内努力，才能把才华发挥到淋漓尽致。

测试后，我发现她的首要能力是语言能力，其次是情绪管理能力，再次是文字能力。

我建议可以先砍掉一些与自己的天赋无关的课程，首先砍掉服装搭配课，她同意了。

我说再砍掉时间管理课，她又同意了。

然后，我说再砍掉疗愈课程，她犹豫了。

我帮她分析，她虽然懂得疗愈，但并非心理学专业出身，也没有多年的学习积累，这个课程先不作考虑。

她又同意了，其实，我看出她有点心痛了。

我说，再砍掉能量色彩课，这下她就不同意了。

她认为这个课程她做得很好，深受学员认可。他们还到别墅里、大山里去上课，链接得十分深，十分温暖。

我又说，女性魅力课也得砍掉。

她就更不同意了，每砍掉一门课就意味着减少10万元收入。100万元被砍掉90万元，她十分心痛。

最后，我说，只留下演讲课。

她就更诧异了，因为她认为人人都会演讲，她身边的人口才都很好。

我说："你自己就是做女性创业内容的，你觉得特别擅长演讲的女性占比多少呢？肯定非常少！"

很多人就是因为语言表达不清楚，才卖不出去好产品的。

很多人就是因为不会演讲才带不好团队的。

甚至有很多创始人连早会都开不好，导致团队战斗力一塌糊涂。

还有的创业者，明明有一个很好的商业计划，却因为不会表达而无法进行融资。

我对她说："你不要因为自己身边的人会演讲，就认为全世界的人都会演讲，很多人连讲话都讲不好……她们非常需要你的帮助。"

"而且，最重要的是你的第一天赋就是语言能力。"

结果大家猜猜看，她同意了吗？

仍然没有，她想要留下3门课，我不赞同。

我们从早晨一直讨论到下午6点，最后决定先休息，明天再谈。

我想给她一点思考的时间，毕竟我做过很多类似的案例，谈到定位时，不少人都需要经历"不敢相信—疑虑—理解—尝试—笃定"这几个环节。

我们第二天又继续探讨定位的问题。

我再次和她强调，她最大的价值就是语言能力，只有充分发挥语言能力的优势，才能把她的人生价值放到最大，而不是去做服装搭配、时间管理等，白白浪费她的最佳天赋。虽然她别的内容做得也不错，但是她的天赋不在这里。

人们之所以不愿意聚焦一件事情，是因为还没有体会到聚焦一件事情的妙处。

她担心聚焦演讲，会浪费别的才能，其实不然，只要她有一个核心的方向，其他的才能就可以为她的核心方向服务。

以我为例，我的定位是高端个人品牌私人教练，但是来到一九私董会的人都知道，我还教文案、产品规划、演讲、写文章……我做了16年的企业品牌策划，我还会帮助学员为他们的企业做咨询。但是，我不会开设10门课程，我只专注在个人品牌打造这一件事情上，其他的能力都是在为这件事情赋能。

她并没有浪费她的才华，只是将全部的才华用在最核心的事情上，而不是平均分摊到10件事情上。

演讲可以发挥她最大的价值，那为什么不集中精力去做最大价值的事情呢？

最终，我说服了她，我们一起商讨确立关于演讲的具体定位。

演讲有商业演讲、营销演讲、职场演讲……我们需要共同寻找一个更加细分的标签。

在深入地沟通后，我们决定舍弃功能性的细分，去做人格画像的细分，发挥她的特质——魅力。她十分高挑、苗条、时尚、自我，也非常自信，随时都给人一种坦然绽放的感觉，这正是很多女生追求的个人魅力特质，甚至很多事业有成的女企业家，也无法绽放自己的魅力。魅力绽放可以说是大部分女人想要达到的一种状态。我们最终敲定了她的定位词：魅力演讲教练。

接着是规划产品体系，发售前所未有的高价值产品。

在整个定位的过程中，她对砍掉的课程十分心痛。她过去的产品价格分别是 199 元、999 元、9800 元和 1 万元，课程包括能量色彩、演讲、时间管理、女性魅力等。

而我们进行了调整，做了一套产品体系的规划。其中，她要立即发售一个高价值产品——5 万元的魅力演讲弟子班。

她听后十分震惊，她以前最贵的课程不过 1 万元，如今一下子要提高到 5 万元，万一没人买怎么办？会不会太丢人了？一连串的问题就来了。

我告诉她，她所能带给客户的价值远远不止 5 万元，也远远不止 20 万元，只是她不知道。先推行 5 万元课程主要有两个原因，一是先做尝试，同时也能更好地打磨内容；二是在这个过程中，我们可以再对产品进行高价值设计。

她问我，能不能先卖几千元的低价值产品进行客户积累？

我坚持就卖5万元的课程，先收12名学员。

我为什么不让她从低价卖起呢？因为每个人情况不同，有的人适合从低价开始卖，而有的人就适合从高价开始。

中午吃饭的时候，她心里没底，又跟我的助理聊："一九老师让我发售5万元的弟子班，并确信我能卖掉，还计算好了卖12个人，你觉得怎么样？"

助理也说可以。

她最终同意了。

但是，从她的眼神里我看到了疑虑和担忧："万一没人购买该怎么办啊……"对她来说，这一趟深圳之旅是一次惊心动魄的冒险之旅。

不过，泇冰是个非常敢于实践的女孩，她决定要做的事情，就一定会尽最大努力完成，这是一个成熟创业者的特质。

她的课程第一次发售，就突破了150万元的业绩，随后一年的时间突破了600万元的业绩，第二年业绩直逼1000万元。现在，她开始重新规划下一个突破计划了。

虽然每个人都能做很多事情，但每个人的天赋不同。想要做好高价值定位，就要从找到自己的最大天赋开始，在优势的地方努力，一点击破就提升 10 倍甚至 100 倍的收益。一次定位的调整，就是一次重大的战略升级，关乎整个事业甚至整个人生的方向。

总结：定位要看 4 个维度，如图 3-1 所示，外部看赛道和细分领域，内部看天赋和热爱。在外部，我们要选好赛道，判断在赛道中有哪些细分领域可以成为高价值区；在内部，要看自己的天赋，看自己最擅长什么，自己对哪些事情充满了热情。内部和外部交叉重合的部分，才是我们的高价值定位的切入点。

图 3-1　定位的 4 个维度

现在审视一下自己，你的定位是在高价值区域还是在低价值区域，你正在做自己人生最有热情的事情，还是在为了赚钱而无奈地忍受呢？

3.2.2　线下教育机构校长，重新定位迅速转型线上

贺静是一位教授阅读和写作的线下老师，有自己的线下机构，机构主要教国学、文学、阅读和写作，并且在阅读领域研发了四大体系，针对青少年出版了 7 本阅读书。

由于政策原因，她的机构面临转型，该如何定位，把 10 年积累的

线下教育经验,搬到线上去,让全国更多的孩子受益,并且少走弯路呢?

经过详细的分析后,我帮她做出了一个细分领域定位,启动了线上招生,整个过程十分顺利,一举获得了很多互联网大咖的信赖。在咨询的过程中,我先帮她梳理了自己的优势。

一、她有线下的书馆,她教孩子阅读和写作,已经教了10年了,学员的评价特别好,并且她自己也已经发表了300万字的文章,还出版过一些图书,在阅读和写作方面具有超强的优势;

二、她带孩子读国学,培养孩子正确的价值观,也能够带孩子读经典的书籍,读诗词、读文史,培养孩子的语言能力;

三、她擅长写毛笔字,能够带领孩子练习书法;

四、她曾经做过10多年的记者;

五、她做了10年的阅读推广人,带领过线下3000多名孩子和家长的读书活动。

在以上这些优势中,我特别好奇她做记者的经历,针对这一部分,我问了很多问题。因为记者所做的工作不同,有人擅长做新闻、有人擅长做人物采访、有人擅长做纪实拍摄……

谈到做记者的经历,她滔滔不绝地讲述了很多当年发生的事情,很开心也很兴奋。她曾经采访了很多知名人物,还帮他们写专访故事,发表在知名的媒体上,还获得过奖项,一听就知道她非常热爱写作。她做了 10 多年的记者后，才开始做青少年教育。正是因为做记者的这段经历，她积累了非常丰富的写作经验，所以她后来做中小学生写作辅导才非常顺手。

我问她："你是不是非常热爱写作？"

她说："是的，非常热爱！教孩子写也很有乐趣，我还教孩子写故事呢。"

一个人想要找到自己的定位，热爱是非常重要的前提，做自己热爱的事情，才能发挥出自己的天赋才能。

由于政策原因不得不面临转型时，她想过要教孩子文言文、古诗词；想过教孩子学习书法；还保留了读书这条线，将国学院改为书馆，带领孩子和家长开展整本书的亲子阅读……

了解了这些以后，我给她分析，到底选择什么作为定位比较好。

首先，教书法，这个类目非常好，但不是她最热爱的，也不是她最擅长的，只能作为辅助的项目；

其次，教古诗词和文言文，显然受众量就会比较小，只有对这个方面比较感兴趣的家长，才愿意让孩子来学习这些内容；

那么，最后就只剩下教写作这个选择了，可是，教孩子写作文，提升作文的分数，由于政策原因是不能开设的。

那么写作，只能提分吗？

显然不是的，写作还可以创作出好的故事，甚至好的小说。而一想到写小说，很多人就会非常兴奋，这是个非常棒的切入点。

因为她从 2013 年开始，就带领孩子写小说，到今年，正好 10 年，她已经积累了 3000 多个成功案例。

那么，教孩子写小说，大部分家长能接受吗？我们又做了一小时的分析论证。

第一，能写好小说的人，显然已经掌握了写作的方法，他的作文分数自然就会提升，一举两得。

第二，一个孩子从小学习写小说，除了可以培养他的写作能力，还能增加他对写作的热情。当他长大了以后，他的写作水平一定不会差。

第三，写作能够培养孩子的逻辑思维能力和想象力，这对一个人各方面的发展都很重要。

第四，写作是现代人的核心技能之一，无论做学问、做高管，还是做商业、做自媒体，写作能力都不可缺少，写作已经成为现代人最重要的综合能力之一。

我常常讲，打造个人品牌需要五大"硬本领"，其中写作就是一项重要的硬本领。

当一个孩子从小被种下一颗"写小说"的种子时，他就会爱上写作的感觉。

讲到这里，我还跟她分享了一个我小时候的故事。我小的时候，我爸爸就经常给我读小说。冬天的晚上，在一盏煤油灯下，我妈妈在桌子边做衣服，我爸爸坐在床边读《杨家将》，我窝在被窝里听故事。

所以我从小就喜欢读小说，还喜欢写作，这看似没什么用，但是在我心里种下了一颗种子，就是热爱读书和写作。我现在每年能读100多本书，能写作100万字，已经出版了3本书，就是源于从小种下的那颗种子。

可是，大家一定会有疑虑，孩子写小说，这个事情是非常难的，一本小说需要二三十万字，孩子能写出来吗？

我向她建议，就教如何写短篇小说。孩子写小说，练习的是写作技能，不在于写多长，而在于是否热爱，1万字，就能够把一部小说写得非常丰富，对孩子来说这个长度也不难做到。突然间有一个词，在我脑子里闪现出来——"万字小说"！

定位词：少年万字小说教练。

她一听也很兴奋，很有感觉，以前她也教过学员写小说，但是从未想到过这个课程的价值，更没想到，我会从她这么多的才华里找到这个优势，确定这个独特的定位。最后，我们又回过头来进行了论证。

第一，万字小说，非常容易理解，很多家长听到这个名字，就会特别感兴趣；

第二，它可以量化，而能够量化的东西，在传播上更具有口碑效应；

第三，这既是她所热爱的，也是她所擅长的。

她最后又问了我一个问题："这个定位是不是太狭窄了呢，这样就不能做别的业务了？我有点纠结！"

我说："不是的！细分市场的定位就是要精准，切口要锋利，才能在市场上迅速脱颖而出。"

随后，我又向她解释，这个定位是一个切入口，并不是说只能教写小说，不能开发其他的产品，她还可以开发书法产品、阅读产品、经典国学的读书会，等等。

同时，我也帮助她确定了一个愿景：为祖国培养10万名热爱写作的青少年。

那么，这个定位如何能够让更多的人帮助传播呢？有以下两个自动传播的策略。

（1）为每个孩子出一本书，埋下一颗种子。将孩子们写的小说打印出来，封面印上孩子的头像，注明作者名称。这份荣耀感，足以在他们的心中埋下一颗种子，让他们立志长大了要出书。把知识产品具象化，就会让自己的产品更加具有传播效果。

（2）为每个孩子开一场新书发布会，邀请他们的同学及其家长、亲朋好友一起来参加。这么一来，每一个家长就都成了传播者。如果你直接让家长为你的业务做宣传，他们是万万不愿意的，但是你让他们为孩子开新书发布会，他们就恨不得把所有的亲朋好友，甚至以前的职场对手都邀请过去，因为那是他们作为家长的荣耀。

总结：打造个人品牌的时候，我们需要用到一些更深层次的策略，就是产品的具象化、可视化和口碑传播的节点设计。很多人从未想过在产品具象化上下功夫，这就会导致你做了很多事情，客户也觉得非常好，但是客户说不出来，只能闷在心中，无法达成传播效果。

而口碑传播的节点设计，也是很多人没有留意到的。我常常分享一个理论，叫"播传"原理，播传比传播节约90%的传播成本。你投一个广告，就是"播"，只能传达给第一波人，但是如果他们不去二次传达，那么这个广告的成本就非常高。而设计一个口碑传播的节点，让第一个人为你传给10个人，这10个人再每人传给10个人，这个方法就简单直接得多，一旦设计好还能重复运用，几乎不用花费什么广告费。

如果你想获得更多高价值定位案例，可以查看我的公众号：王一九。

思考

(1) 你是否已经明确你的高价值定位？

(2) 你以前采用了几种变现方法？

3.3　定位与人格画像：提升你的人情味

创始人打造个人 IP 和打造企业品牌是有区别的，需要具有温度。例如，一个企业品牌的定位是做空调的，那它只需要好好做空调就行了。而创始人首先是一个人，是有血有肉的，所以需要绘制自己的人格画像。人格画像能够从多方面提升创始人形象的立体感，使创始人 IP 更加真实、鲜活，具备更深度的影响力。

3.3.1　人格画像不等于人设

不少创始人在向我咨询个人 IP 相关事宜时，都会询问：打造个人 IP 的第一步是不是需要确定一个人设？自己没有鲜明的人设怎么办？这时我都会回答：不需要刻意打造人设，只需要绘制自己的人格画像，展示最真实的自己。

很多创始人在打造个人 IP 时十分依赖人设，刻意迎合受众的喜好，打造吸睛但是完全不符合自己的人设。虽然创始人前期可以依靠人设吸引一批粉丝，但不真实的人设并不稳妥，一旦后期人设翻车，粉丝对于创始人的信任也会瞬间崩塌。一旦陷入信任危机，创始人再想打造个人 IP 便不可能了。

因此，创始人需要拒绝夸张的人设，向受众展示最真实的自己。创始人需要创建自己的人格画像，打造出一个符号化的人格体。

王石是万科的创始人，他同时也酷爱登山，还曾经写过关于登山的诗句。他曾经挑战过登顶喜马拉雅，这对于一个非专业人士，尤其是一个企业家来说，是一件非常困难的事情。这种热爱，就给王石塑造了一个"勇于攀登"的人格画像。后来王石又去玩帆船，这也是一项极具挑战性的事情，他的人格画像越来越清晰。很多人就是因为喜欢这种不惧挑战、勇于攀登的人格，所以成了王石的铁粉，同时也成了万科的铁粉。

曾经有人问我，市场上有很多个人品牌导师，我是不是定位重复了？

我说："既然你知道有那么多导师，你为什么还来我这里报名学习呢？"

他说："我喜欢你的一手商业、一手修行。"

我说："那就对了，修行就是我的个人画像，我喜欢这件事。"

这是我个人的爱好，我读《金刚经》，还有儒家的书，包括《大学》《中庸》《论语》《孟子》《王阳明传习录》等，我常常与学员分享一些修行的话题，大家在一起不仅谈商业，还谈生命成长。

既然这个人格画像获得了认可，我就可以继续强化它，于是去年我做了第一届"百万人读《大学》"活动，今年准备做第二届，纯公益，还打算免费发放10000本《大学》。

一个创始人可能经历了连续创业，是创业路上的坚持者；可能十分热爱学习，并喜欢向人们分享知识，是生活中的分享者；可能十分热心公益事业，是一名热忱的利他者。这些标签组合在一起，就成了创始人独有的人格画像。同时，基于清晰的人格画像，创始人可以向受众展示自己的方方面面，使受众对自己形成一个清晰、立体的认知。

人格画像不等于人设。和人设相比，人格画像更加真实、立体，在促进创始人个人 IP 传播的同时也能够稳固 IP。创始人需要展示的不是人设，而是人格画像背后蕴含的独特魅力。人设是单薄的、平面的，但人格画像是丰满的、有血有肉的。和单纯的人设相比，真实的人格画像更具有吸引力。

3.3.2 构成三要素：性格+专业+爱好

人格画像十分重要，那么，创始人应该怎样绘制自己的人格画像呢？人格画像主要包括 3 个构成要素，如图 3-2 所示。

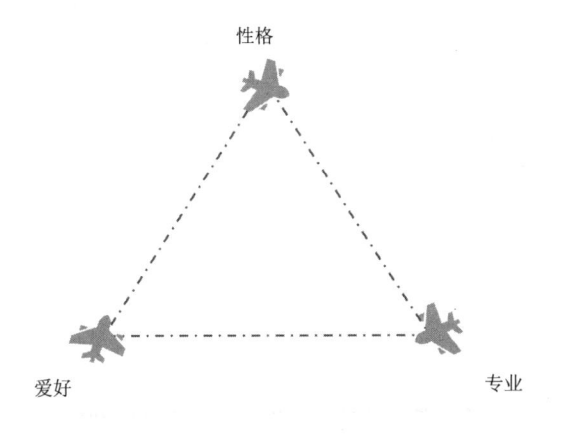

图 3-2 人格画像的 3 个构成要素

1. 性格

人人都有自己的性格，很多知名企业家具有十分鲜明的性格特征。例如，提到董明珠，很多人都会想到"硬气"，无论是她与雷军的10亿元赌局，还是在各种公开场合的"回怼"，都展现了董明珠"硬气"的形象。而这个"硬气"，就是她的性格。

创始人需要分析自己的性格，找到与众不同的特点，针对这一方面绘制人格画像。有的创始人会经常和客户互动、耐心解答客户疑问等，十分有亲和力；有的创始人待人十分热情，朋友寻求帮助时总会伸出援手。这些性格特点都是创始人人格画像的重要组成部分。

2. 专业

要想让受众信服，创始人必须表现出自己的专业。例如，无论是提出"互联网思维7字诀"理论，还是在发布会上侃侃而谈，都体现了雷军的专业。创始人还需要提炼自己的专业标签，像是名校毕业、提出过专业理论等，而对客户问题给予专业解答，也能够体现创始人的专业性。

3. 爱好

爱好也是创始人人格画像中的重要组成部分。很多创始人都有自己独特的爱好。例如，腾讯创始人马化腾爱好天文学，百度创始人李彦宏是一名植物爱好者等。无论是喜欢阅读、喜欢宠物，还是喜欢下棋、喜欢打太极，都可以成为创始人的爱好。爱好的展示能够拉近创始人与受众之间的距离，助力创始人打造平易近人的形象。

创始人可以根据以上 3 个要素绘制自己的人格画像，并通过相应的言论、故事、形象等强化人格画像，以丰富的外在形式来表现自己的内在人格。

3.4 从一个人的内在角度绘制人格画像

在经营企业的过程中，创始人会做出各种商业决策、参与各种商业活动。从商业角度来看，创始人可以绘制各种各样的人格画像，可以是诚信经营的坚守者、专注细分领域的专注者、脚踏实地的务实者等。

3.4.1 坚守者：几经风雨，坚守自我

1990 年，36 岁的董明珠加入格力（当时名为"海利空调厂"），成为一名基层销售员。两年后，她的销售额就突破了 1600 万元，实现了从小白到销冠的跨越。当时，销售行业竞争激烈，一些销售员为了完成业绩往往会向客户过度承诺。而董明珠则选择坚守自我。为了提高自己的销售额，她几乎牺牲了自己所有的个人时间。

1995 年，格力企业内部动荡，一众骨干员工纷纷离职。而董明珠却选择了坚持。她接下销售经理的位置，思考怎样盘活"棋局"。董明珠上任的第一项工作就是要处理之前积压的近 2 万台空调。在解决这个问题时，董明珠并未采用常规的降价销售的方法，而是将这些积压的空调平

均分给经销商，刺激经销商提高销量。而董明珠这种宁愿让出市场也不降价的坚持，最终让企业那一年度的销售额大幅上涨，在市场中占据了有利地位。

当时，拖欠货款在整个零售行业中是普遍现象。经销商往往先拿货、再付款，久而久之，格力就存在很多应收货款，严重影响了企业的经营。面对这个问题，董明珠的做法很简单，那就是先收款再发货。对于之前拖欠货款的经销商，格力不再向其发货，待其补足欠款、缴纳货款后再发货。这惹得不少经销商纷纷抱怨。但董明珠始终坚持自己的做法，最终有效地解决了格力的应收账款问题。

2001年，董明珠出任格力总裁，在企业经营总方针上依旧坚守自我。那时，外资纷纷涌入，格力也成为外资眼中的"香饽饽"。面对美国某企业开出的巨额收购条件，董明珠断然拒绝。即使对方给她开出了巨额年薪，董明珠也没有同意。最终，董明珠排除万难，避免了格力被收购。董明珠非常重视科技投入，曾经一度打出"格力掌握核心科技"的口号，为民族品牌争光。这份坚守，是很多企业家做不到的。尽管很多时候董明珠的"霸道"让一些人不舒服，但是绝大部分人依然敬佩她的坚守！

在创业过程中，很多创始人都和董明珠一样，是创业路上的坚守者。在面对困境时，有的创始人始终坚守创业初心，不断奋斗；在面对高薪诱惑时，有的创始人没有忘记企业的愿景和使命，始终坚持本心。这些故事都可以丰富创始人坚守者的人格画像，展示出创始人坚守自我的良好品质。

3.4.2 专注者：只关注细分领域，做细分产品

我的一名学员老钟，是"老钟驾到"品牌的创始人，深耕电商领域10多年。在她加入"一九私董会"后，我帮她提炼了品牌价值，使其品牌的调性更加清晰明了。

那么，"老钟驾到"的品牌价值是如何提炼的呢？"老钟驾到"这一品牌不生产产品，也不专门卖某个品牌的产品，而是聚焦美妆领域，帮客户挑选优质产品。虽然在美妆领域深耕多年，但品牌名号却不是很响亮。以往，品牌的户外广告只写着4个字"老钟驾到"。即使有人看到这个广告，也不清楚它是做什么的，更不会去特意搜索这个品牌。

这也是老钟向我反馈的一个问题。她挑选产品时非常认真，甚至可以说是苛刻。各种产品都是她亲自试用过、反复验证后，才向客户推荐的。因此，老客户对老钟十分信任。但是，新客户很难了解她的品牌，因此也难以实现转化。

针对这个问题，我建议她提炼出一个价值点。一句话就能说清楚品牌特色的价值点是最容易传播的。那么，"老钟驾到"应该选择一个怎样的价值点呢？

首先，"老钟驾到"的业务是严格地挑选好的美妆产品，其中的关键

词就是"挑选好产品"。其次,"老钟驾到"的客户群体是什么人呢?是女人。因此,合起来就是"为女人挑选好产品"。

但是,这个标签读起来不够朗朗上口,不符合传播原理,还需要再优化一下。其中,"挑选"两个字可以压缩,减掉"挑"字,只留"选"字。"好产品"也可以优化为"好物"。"好物"比"好产品"更有网感,同时,"好产品"是站在商家角度,而"好物"则是站在了客户的角度。压缩完毕之后,就变为"为女人选好物"。

现在,这个标语比之前好了一些,但力量感不够、针对性不强。结合这个品牌的客户群体来考量,因为都是女性客户,那就是只为女性客户挑选好物。于是原本的"为女人选好物"就变为"只为女人选好物"。加了一个"只"字之后,标语就变得专属感十足,更具有针对性。

最终,我帮助"老钟驾到"做好了品牌价值提炼。"只为女人选好物"清楚表达了品牌的价值点,符合"老钟驾到"的品牌调性和老钟做事一丝不苟、专注、用心的特点。同时,这个标语只有7个字,读起来朗朗上口,易于传播。

从人格画像上来看,带领"老钟驾到"品牌持续深耕美妆领域的老钟无疑是一名只关注细分领域的专注者。而在我帮其明确了"只为女人选好物"的定位后,老钟深耕的领域更加细分,目标客户也更加聚焦,越发凸显了老钟在创业路上的专注。

3.4.3 务实者：脚踏实地，走好创业路

在商务社交方面，宗庆后不喜欢参加各种聚集商业成功人士的应酬聚会，而是喜欢和员工、经销商等一起交流。例如，和员工聊一聊企业的制度是否合理，和经销商聊一聊产品的销量、产品的质量保障等。这能够有效提升宗庆后与员工、经销商之间的了解和亲密度。

宗庆后具有很强的务实精神，做事情坚持脚踏实地，不慕虚名。在管理企业的过程中，宗庆后不受某种固有模式的束缚，相信通过自己实践得出的结论才是正确答案。在长期的实践中，他总结出了一套自己的管理体系，核心就是"一切来源于实践"。

在产品方面，宗庆后坚持不断创新。这并不是一句虚言。从纯净水到非常可乐，从乳娃娃到爽歪歪，娃哈哈不断推陈出新。这体现了宗庆后的一种坚持，也体现了其在创新方面的务实。

要想将企业做大做强，创始人必须具有务实精神，成为一名脚踏实地的务实者。一些缺乏务实精神的创业者往往在取得一定成就后就开始好高骛远，不顾企业现状，定下不可能完成的目标或者执意进行扩张。这些做法往往会使原本发展良好的企业陷入困境。只有始终坚持脚踏实地，有梦想且务实，创始人才能够带领企业实现长久的发展。

在创业过程中，很多最终成功的创始人都是务实者。创始人可以提炼自己的务实特质，完善自己的人格画像。

3.5 从生活角度绘制人格画像

除了商业角度,创始人还可以从生活角度绘制自己的人格画像。如果创始人喜欢读书,那么可以成为一名阅读者;如果创始人喜欢旅游,那么可以成为一名旅行者;如果创始人喜欢研修古文化,从中参透人生智慧,那么可以做一名修行者;如果创始人充满爱心、热衷公益,那么可以做一名利他者。

3.5.1 阅读者:每周读一本书

我有一个研究生毕业的学员,她最大的爱好就是读书。她每天都会花费几个小时用于阅读,闲来无事的时候,更是会从早到晚地"泡"在书房里。

我对她的这个爱好十分好奇,几乎每次聊天都会问她最近读了什么书。而她也会兴致勃勃地和我分享最近读的书,讲书里的故事和自己读书的感悟。

后来,我和她说,读书这件事也是可以赚钱的。她显然有些不敢相信。于是我让她做了两件事:一是教别人读书,二是教别人写作。然后,我从这两方面出发帮她设计了课程和咨询服务,很快她一年的收入就达到了200多万元。

这个学员身上的特质很明显，就是喜欢读书，所以她是一名出色的阅读者。她不仅喜欢读书、总结书中的智慧，还喜欢分享读书感悟。

很多创始人都喜欢读书，而阅读者就是一个很好的人格画像。创始人可以设定一个目标，如 3 天读完 1 本书、1 周读完 1 本书等，坚持下去并持续分享，展示自己阅读者的人格画像。

不少喜欢读书的创始人都没有树立分享的意识，也不注重完善自己的人格画像。那么，虽然很多创始人长期都在做，但是并没有展现出更大的价值。因此，对于喜欢阅读的创始人来说，一定要注意多方面展示自己，绘制阅读者的人格画像。

3.5.2　旅行者：每年旅行 3 个国家

我的一个朋友，是一名小有名气的作家，他十分喜欢旅行。目前为止，他已经游历了近 100 个国家，出版了 50 多本书。这些书的内容有各地的游记，也有旅途中的感悟。

凭借自己的知名度，他开展了一项新的业务，那就是带领企业家去国外旅行。当然，这是付费的服务，每人收费 8 万元。在出发之前，他会规划好整个旅行路线。在旅行过程中，他不只是企业家们的向导，为他们讲述各国的风土人情、历史故事，还会和企业家们聊生活感悟、企业管理见解等。和向导相比，他更像企业家们的朋友。

现在，他的这种服务方式已经演变为一个完整的商业模式。每年都有不少企业家找他报名,而他组织一次旅行,就能够轻松获得几百万元的收入。

我的这位朋友就是一个人格画像十分明显的人,是一个成功的旅行者。凭借多年的旅行经验和多本已出版的书籍,他能够很容易地获得人们的信任。不少创始人也和我这位朋友一样,十分热爱旅行,那么,旅行者就是一个很好的、可以展示出来的人格画像。

我还有一个学员,是新加坡华裔,她先生是爱尔兰人,他们在去年和前年花了整整两年的时间,旅行了 30 多个国家。在他们身上就有一种特别的画像,那就是国际旅游族。

3.5.3 修行者:从国学中感悟智慧

从人格画像上来看,我的人格画像是什么?我的人格画像是一个潜心钻研的修行者。

很多时候,一些创始人向我咨询问题,我根本不用费心去分析,就能够立刻给出答案。这是为什么?一方面,我从 2004 年就开始开展品牌咨询相关业务,在近 20 年的时间里,我服务过大型的世界 500 强企业,也服务过很多中小型企业,对很多商业问题都有比较深的了解。

另一方面,我十分喜欢国学,已经将《大学》《中庸》《论语》《孟子》等经典书籍读了许多遍,还曾手抄《心经》数百遍。研修这些书籍不仅让我变得更加从容、安定，也学习了更多圣人的智慧。书中许多经典的理论、战术都可以应用到现代商业中，帮助创始人解决许多现实问题。

可以说，我是一个十分喜欢修行的人。每年我都会闭关修行三四次：找一个安静的地方，关掉手机，潜心学习国学知识。每次修行完毕，我都会记录自己的心得感受，并与大家分享。

一直以来，《大学》都是我长期研读的经典。为了分享书中的智慧，2022年9月，我联合了深圳极具影响力的公益读书组织——深圳读书会，以及曾子第75派裔孙曾庆宁先生和多位百万级自媒体达人，举办了一场"百万人读《大学》"的公益活动。

我为什么发起"百万人读《大学》"活动？

商业的本质就是深入理解做事的规律、不断为社会创造价值，而《大学》里的"修身齐家治国平天下"就体现了古人做事的智慧，这种智慧在现在依旧是十分适用的。除了这一点外，《大学》中还有修身的智慧，让创业者更加定心；还有生命的智慧，提升对生命的理解，所以我才发起了"百万人读《大学》"的活动，让更多人理解古人的智慧。

作为一名修行者，我在修行的过程中希望为更多人提供一个修行的机会，带领更多人通过修行修炼心态、增长智慧。通过举办"百万人读《大学》"公益活动，我又一次强化了自身的人格画像，让更多人深刻了解了我的修行者这一标签。现在，我的许多客户、朋友，甚至只是认识

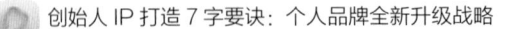

我但和我不熟的人，都了解我的这个特质，也更愿意相信我。

思考

(1) 你以前是否关注过人格画像？

(2) 你觉得你是哪种人格画像？

第 4 章
理念：打造顶级 IP 的"杀手锏"

打造创始人 IP，你一定思考过一个问题，就是怎么样才能吸引更多的粉丝。那么，你有没有进一步想过，最能吸引粉丝的核心因素是什么？有的人可能会觉得是录制短视频，毕竟这个时代是短视频时代，有的人可能会觉得是做内容，有的人觉得是追热点。我们常常看到的现象就是，很多自媒体达人确实通过录制短视频、追热点、创作吸引人的内容获得了几百万粉丝。还有人用了内容矩阵的方法，进驻了抖音、小红书、视频号、B 站、公众号等各种平台，全网获得上千万的粉丝量。那么我们把视野放得更宽阔一点，全世界有没有那种拥有几亿、几十亿乃至几百亿粉丝的人？答案是：有！而且他们并没有进驻任何平台，没有追热点，也没有录制短视频。比如，拥有几百亿粉丝的超级偶像有：老子、孔子、释迦牟尼、王阳明……直到现在，几千年过去了，他们的粉丝还在快速裂变，是因为他们追热点吗？是因为他们做了很多的内容吗？都不是！而是因为他们有一套理念，就一套，不是两套也不是三套，更没有用矩阵。

你可能会说，我们打造创始人 IP，是从事商业经营，又不是要成为圣人。那么我们还可以看看在全球有几亿粉丝的商业 IP，比如日本京瓷的稻盛和夫、苹果的乔布斯和星巴克的霍华德·舒尔茨，他们的理念是什么。

稻盛和夫有一个经营理念叫"阿米巴"，有一个人生理念叫"敬天爱人"；乔布斯有一个理念叫"改变世界"；霍华德·舒尔茨也有一个理念，叫"第三空间"；还有孙正义、彼得·林奇，等等。

4.1 超级 IP 为什么一定要有理念

一个 IP 是否有理念，对企业发展的影响有很大的差别，如果有理念，可以吸引许多深度用户；而如果缺乏理念，则很容易失败。接下来，我们将以一些著名的企业家为例，详细阐释超级 IP 为什么一定要有理念。

4.1.1 有理念的 IP 和没理念的 IP 有什么区别

首先，是否有理念决定了 IP 的影响力深度。有核心理念的 IP，能够获得客户的深度信赖。如果没有核心理念，只靠众多的内容输出、在短视频或文字平台追热点，可能会快速获得一些粉丝，但这些粉丝本质上来说并不算是真的粉丝，增加的也只是关注的人数，一旦平台推荐机制变化，粉丝数量就会迅速下滑。

其次，是否有理念决定了 IP 发展时间的长短。只有理念清晰，才能深度打动客户，在客户心目中占据明确的位置，客户才能长久记得品牌。有理念才会形成长期的累积，IP 的发展才可以经历时间的沉淀，三年五年，十年八年，甚至穿越经济周期，也必然获得更大的价值。没有理念，随着时间的推移，客户会很快忘记品牌的存在，即便当时有再多的关注，也仅仅是昙花一现。

最后，是否有理念决定了 IP 变现价值的多少。客户深度认可 IP 的理念，就会毫不犹豫地购买 IP 旗下的任何产品，而且还是持续地购买，甚至推荐更多人来购买，形成裂变效应。没有核心理念的 IP，靠的是销售产品的功能价值，只有产品价值而没有品牌效应。还有一些大品牌，也许有强大的供应链系统，可以通过折扣来实现批量销售变现，但是这种变现方式不仅利润率非常低，而且难以长久持续。

4.1.2 乔布斯，一个理念收获全球 1 亿铁粉

乔布斯有一个理念叫"改变世界"。这个理念过于疯狂与彻底，搅动了整整一个时代有梦想的人埋藏在内心深处的激情，以至于有超过 1 亿的铁粉疯狂为苹果宣传。每次苹果发布会前，粉丝们就像等待世界杯一样，等待在电脑前，就为了看乔布斯如何卖产品。除了奥运会和世界杯，再也没有比这更盛大的全球活动了。相比之下，"双 11"的格调就普通许多了，一个是为了看超级 IP 的一场灵魂发布会，一个是为了在"双 11"那天抢到最低折扣，一个有理念，一个有折扣，不在一个水平线上。

从时间的延续上更是相差甚远,"双 11"过后的第二天,人们抢购的狂潮过去,就再也不惦记了;而时过 20 年,人们依然惦记着乔布斯的演说,即便乔布斯已经去世了十多年,人们还是会去祭奠他,因为这个理念击中了他们的灵魂。

1997 年 7 月,乔布斯亲自为苹果公司写了一则名为"*Think Different*"(非同凡想)的经典广告:

"向那些疯狂的家伙们致敬

他们特立独行,他们桀骜不驯

他们惹是生非,他们格格不入

他们用与众不同的眼光看待事物

他们不喜欢墨守成规

他们也不愿安于现状

你可以赞美他们,引用他们,反对他们

质疑他们,颂扬或诋毁他们

但唯独不能漠视他们

因为他们改变了事物

他们发明,他们想象,他们治愈

他们探索，他们创造，他们启迪

他们推动人类向前发展

也许，他们必须要疯狂

我们为这些家伙制造良机

或许他们是别人眼里的疯子

但他们却是我们眼中的天才

因为只有那些疯狂到以为自己能改变世界的人，才能真正改变世界"

在写这则广告之前，乔布斯开了一个会，他否定了很多家知名广告企业为苹果做的广告。我曾多次观看那个小视频，每一次都深深地被打动。视频中乔布斯说："这个世界的信息太多太复杂，我们不能仅仅靠描述产品的优点来向用户推销产品，如果那样我们就和大部分企业一样，无法成就伟大，我们需要向客户传达一种理念，激发他们内心深处最想要的东西。"

于是，他亲自写下了这则广告，没有展示任何苹果的产品，只是向甘地、毕加索、爱迪生、卓别林、爱因斯坦、约翰·列侬、马丁·路德·金、鲍勃·迪伦等一系列具有反叛和革新精神的天才和伟人致敬。这个理念让当时委靡的苹果一步步走向伟大。

除了这个经营理念，他还有一个理念，就是"极简原则"，这不仅是他的产品理念，也是他的人生理念。我们从苹果的各个产品中都能体会得到。他自己在生活中也坚持这个理念，即便穿衣也是如此，同一套衣服可以买几十件，一年四季都是同样的穿着。他的房子也极其简单，人生也过得极其简单。

4.1.3 舒尔茨，秉承一个理念35年开了32000家咖啡店

1987年，霍华德·舒尔茨收购了一家咖啡店，名叫星巴克，并开了第一家销售滴滤咖啡和浓缩咖啡饮料的门店。当时，他提出了一个经营理念是"将心注入"，为此还写了一本书《将心注入》。心怀梦想，坚持自己的理念和价值观，这是所有成功的创始人品牌背后隐秘的力量。

除此之外，他还有一套做事的理念，就是"第三空间"，把星巴克的店，打造成除了家和办公室之外的第三个空间。如果你不在办公室，也不在家，那么你就可以在星巴克的店内享受第三种时光。这个理念决定了星巴克的各个店面设计是不一样的，让客户无论到哪一家店都有不一样的体验。去不同的城市，我总喜欢寻找当地的星巴克，在店内要一杯咖啡，给自己留一点安静的时光。

4.1.4 孙正义，400亿美元的投资理念

日本软件银行集团原董事长兼总裁孙正义是国际知名的投资人。软银集团自成立以来，拥有约300家日本企业，遍布美国、欧洲等发达地区，总资产约400亿美元。孙正义曾在接受采访时表示一切东西都变化

太快了，投资人不能走寻常路。这样的想法也促使他在投资生涯中总结出了一套独特的投资理念，这套理念被称为"五层金字塔"。

五层金字塔结构自上至下分别为理念、愿景、战略、领导者能力及战术。同时，金字塔的每一层又细分为五大属性。

1. 理念

道：利用信息革命让人们幸福。这是软银集团的整体使命，软银集团的每个人都需要熟知这一点。这一点也是孙正义在其"30年计划"讲话中常常提到的。

天：时机。特定时机有特定的机会。例如，信息革命就是投资的好时机，生于信息革命时代的投资人是幸运的，投资人应充分把握机会。

地：地形优势。亚洲就是很好的投资地带。因此，孙正义曾重点投资了我国的人人企业和阿里巴巴。

将：优秀的将领。团队、机构或企业需要优秀的领袖。孙正义表示，没有可以独立完成的事情，软银集团需要优秀的领导者。

法：方法论。方法论是创新的基础。

2. 愿景

顶：登上山峰之巅。投资人的想象能力很重要。投资人应有登顶之前的预见能力，确保自己攀登的山峰是正确的。在孙正义的"30年计划"中，他花费了一整年来思考他的投资愿景。

情：信息研究与收集。孙正义十分重视信息研究与收集的重要性，他在投资的过程中研究了 40 家企业，关于这些企业的研究纸稿堆起来有 1 米多高。

略：选择。做完研究之后的选择有很多，投资人需要忽略掉杂音，从众多选择中坚定地选择一个。

七：有七成胜算再选择。

斗：去实践、去战斗、去成事。

3. 战略

一：成为第一，在擅长的投资领域坚持到底，获得压倒性胜利。

流：顺应时代潮流，把握投资风向。

攻：树立投资新理念，打磨新能力。

守：在财务管理方面一定不能激进，确保现金的流通和周转。

群：构建多业务的生态系统，与生态系统成员合作共赢，规避风险。

4. 领导者能力

智：足智多谋。具备专业知识、关键思维、谈判能力、演讲技巧、财务分析能力等。

信：信念、信用、信义。值得信赖的人才能吸引志同道合的人，建立友好合作关系。

仁：仁爱，让他人感到快乐。

勇：对抗的勇气和撤退的勇气。

严：严于律己，必要时严于律人。

5. 战术

采取突破性的战术。风是迅速、林是安静、火是猛烈、山是静止、海是包容。

以上就是孙正义"五层金字塔"的关键投资理念，这套投资理念助力他在投资生涯中获得了众多伟大的成就，是值得投资机构创始人长期借鉴的高效投资理念。

4.1.5 彼得·林奇，狂赚百亿的"蜡笔理论"投资理念

在很多人眼中，彼得·林奇就是财富的化身。1990年，彼得·林奇曾创造了一个奇迹，由他管理的麦哲伦基金的资产规模达到140亿美元，成为当时全球资产管理金额最大的基金项目。

彼得·林奇的主要投资逻辑就是像正常人一样投资，而这个逻辑下最主要的投资理念就是"蜡笔理论"。"蜡笔理论"其实是一种简单性原则。彼得·林奇把自己取得如此成就的原因解释为，他只不过是做了和投资散户一样的事情，同时，他不会投资一个不能把业务用蜡笔描述清

楚的企业。

彼得·林奇曾经很喜欢陪他的女儿逛商场。在逛商场的过程中，如果彼得·林奇的女儿在某个商铺停留很久，或者对某个商品十分关注，就会引起他的注意。有一次，彼得·林奇在与女儿逛商场时，发现女儿十分喜欢一家叫"美体小铺"的化妆品商铺。回家之后，彼得·林奇便开始研究这个企业。在研究的过程中，他发现这个品牌的化妆品的研发别具心裁，水果、蔬菜是化妆品的主要原料，天然、有机、鲜艳、可爱是该品牌的主要风格特征。随后，彼得·林奇果断入手了该品牌的股票，随着美体小铺风靡全球，这个不经意间入手的股票也使彼得·林奇从中获得了不菲的收益。

彼得·林奇还讲述过另一个投资案例。1990年，彼得·林奇得知美国有一群小学生进行了模拟投资组合，并取得了惊人的成绩。于是，他去访问了这群小学生，发现他们在老师的指导下经常阅读一些财经报道，并在阅读过程中做一些简单的分析。而对于投资想法，这群小学生表示，他们只是喜欢他们所投资的事物。本着"喜欢"的原则，这群孩子分别选择了迪士尼、麦当劳、沃尔玛、哈斯布罗等作为投资对象。孩子们的选股理由虽然简单，但这些股票都产生了高额的回报。

美国华尔街还流传着彼得·林奇的另一个投资故事。有一次，彼得·林奇正在为他的选股标的烦恼，突然听到他太太满意地说："还是这个牌子的丝袜穿起来比较舒服。"

彼得·林奇好奇地问道："这是什么东西？"

他太太告诉他，这家企业生产了一种产品叫丝袜，贴身又舒服，有不少人排队购买。于是他就去研究这家企业并发现了一个新的投资机会。尽管那时这家企业并不知名，但是彼得·林奇依然觉察到了它的发展潜力，于是当下就购买了它的很多股票。后来，才慢慢有人开始关注、购买这家企业的股票。

有一天，他太太回来抱怨说这家丝袜的质量越来越差了，旁边另外新开了几家店，丝袜的质量都比这家更好。虽然当时在股票市场上这只股票依然表现很好，很多人疯狂地购买，但是彼得·林奇还是立刻卖掉股票，锁定了收益。果然，没过多久，这家企业的股票开始大跌。

这个故事诞生出了他的投资名言："我宁可买太太穿的丝袜的企业股票，也不愿意买看不太懂的科技企业的股票。"

这件事给彼得·林奇的投资实践带来了深刻的启发。彼得·林奇认为，专业的投资人实质上与投资散户没有什么区别。他不觉得投资是一件神秘莫测的事情，相反，投资人要警惕信息过载的问题，避免让过多繁杂的声音影响自己的思考和决策。投资是一件既简单又直接的事情，我们只需要像正常人一样思考这件事情就可以了。

这就是一个好的投资理念所能创造的价值。

4.1.6 华杉的超级符号理念，帮助很多企业成为百亿品牌

如果你在北京、深圳或上海的机场稍加留意，你会发现一个华与华的广告牌，上面写着一句话："超级符号就是超级品牌"。这只有一句话的广告牌已经在机场屹立不动数年了，要知道那个广告牌每年需要投入上千万元的广告费用。但是华与华的创始人华杉，依然坚持每年都投放这个广告，而且还要一直投放下去。

华杉和很多咨询企业的创始人最大的不同就是，他在坚持传播一个理念——"超级符号"。他为每个客户做咨询，都是用这个理念。他总是为客户做出一套超级符号，比如大家常常见到的几个大品牌：海底捞、蜜雪冰城、西贝莜面村、东鹏特饮、小葵花药业、华莱士……正是因为如此，更多的年营业额几十亿元甚至几百亿元的企业，陆续都找他做咨询，年度咨询费 600 万元起。

很多咨询企业也有不少的方法技巧，但是却没有一套核心理念，看起来招数很多，但是经营了几年之后，企业就不见了，在市场上销声匿迹了。而华与华已经经营了 20 年，企业越做越好，正逐渐走向国际。

在传播"超级符号"理念上，华杉不仅在北京、上海、深圳机场，每年花费数千万元打广告，他还写了数本书来介绍这个理念，如《超级符号就是超级创意》《超级符号原理》等。

4.2 理念铸就的超级 IP

在打造超级 IP 的过程中,理念十分重要。下文将会从理念的更新、拓展,以及如何打造理念入手,带领大家学习理念打造,铸就超级 IP。

4.2.1 王一九裂变式发售理念,帮助学员累计发售 10 亿元

作为没有几十万上百万粉丝的普通 IP,该如何实现粉丝的持续增长呢?这是很多创业者面临的问题。通过短视频或者公众号获得粉丝,是大部分创业者不擅长的事情,而如果花钱去购买流量,就是一笔巨大的成本开销。我们能不能找到一种理想的方式,一边卖产品,一边实现粉丝的增长呢?经过多年的实践总结,最终我找到了一个对于普通的创业者而言最实用的理念,就是"裂变式发售"。

发售是创始人 IP 商业闭环中的一环,发售与一对一成交相比有五大优势:节约人力成本、造成更大势能、提升品牌价值、裂变更多粉丝、节约更多时间成本。而"裂变式发售",就具有最强的裂变粉丝的效果。

这个理念和"超级符号"理念是同样的道理,都可以直接应用在业务上。比如在第 3 章提到的桑黄茶品牌案例中,我们帮助做桑黄茶的学员第一次发售就突破了 150 万元业绩,他的第一次直播就突破了 10 万

场观。10万场观意味着有10万人来看过，平均在线1000多人，而很多人都是通过前期设置的裂变环节，由老客户裂变而来的。同时，第一场发售也为下一场发售做好了重要的铺垫，第二场发售实现了500万元的业绩，一年内更是突破了1000万元的业绩。

桑黄茶品牌为什么能一次又一次地实现爆发性的突破呢？以传统的做法确实是非常难以实现的，只有通过设计裂变环节才能裂变更多的粉丝。有人可能会觉得，通过做短视频、通过做更多的直播也能获得粉丝，但是和通过裂变而来的粉丝相比，有巨大的差距，这个差距就是信任度，如果说热点短视频带来的粉丝信任度是10分，而专业短视频带来的粉丝信任度是30分，那么裂变来的粉丝信任度至少有60分，这就是我为什么如此重视粉丝的口碑裂变。

我们来举一个例子，有一天你想治疗自己的胃痛，有三种信息来源：

第一种，你看到一个脱口秀笑话，笑话中提到了一个中医A；

第二种，你看到一个专家在电视节目中的讲解，这个中医是B；

第三种，你的一个朋友在中医C那里治疗过胃病，他推荐C。

你最有可能去找谁呢？60%的可能性你会去找C，而只有10%的可能性去找A，即便是作为一个专家的B，你去找他的可能性也只有30%。

现在这个道理已经很明显了，裂变来的粉丝，其实就相当于通过口碑传播而来的潜在客户，即便他们不买单，也会对你有足够的信任度。这样的粉丝1个顶10个，由裂变而产生的1万私域流量完全抵得上平台上引流而来的 10 万私域流量，抵得上平台上的几十万泛粉。

我有一个学员是做身心能量提升的，她已经做了十几年，技术水平非常好，以前都是在朋友圈成交，每年也能做一两百万元的业绩。后来我帮她规划了裂变式发售，第一场发售就成交了 600 万元。虽然这是她第一次操作，很多动作还没有做到位，但是却实现了业绩的暴涨，连她自己都万万没想到。可是，后来的状况就更出乎意料了，有很多人来研究她是如何做到的，还写文章宣传她的故事，在直播间找她连麦，于是形成了一种连锁的口碑宣传，第二场发售直接突破了 1000 万元。其实她的私域流量并不多，也只有微信号这一个平台。

那么，为什么她能够实现这样的爆发呢？在下一章讲到"引爆点"时，我们再详细探讨。

4.2.2　理念的更新迭代和扩展，让品牌扎得更稳

理念是不是一旦定下就固定不变呢？绝对不是。如果理念无法升级，那么 IP 就无法走得更远。

理念需要不断地更新迭代和扩展，更新迭代是指同一个理念的升级，而扩展是指在同一个 IP 下增加新的理念，这样才能把理念越用越深刻，越用越灵活。

"裂变式发售"理念是在实践中不断升级迭代的，从 2019 年我自己开始做裂变式发售，加上每年又带领学员进行上百场发售，这个理念的

版本已经经过了多次的升级：

1.0 版本仅仅是在微信中发售；

2.0 版本用了微信+公众号发售；

3.0 版本用了朋友圈+社群+直播发售；

4.0 版本升级为 12 小时直播裂变式发售；

5.0 版本升级为社群+超级案例+直播+公开课+大使团发售；

6.0 版本升级为 AI 裂变式发售，节约了大量的人力、物力和时间；

…………

这个理念每年都在不断地更新迭代，同时应用的行业也在不断地扩展，适用的行业越来越多：

最开始做知识产品的发售；

接下来又做咨询产品的发售；

后来扩展到健康行业；

随后又扩展到科技行业；

再后来，应用到很多实物的发售中；

去年，又应用到了农业化肥的发售中；

…………

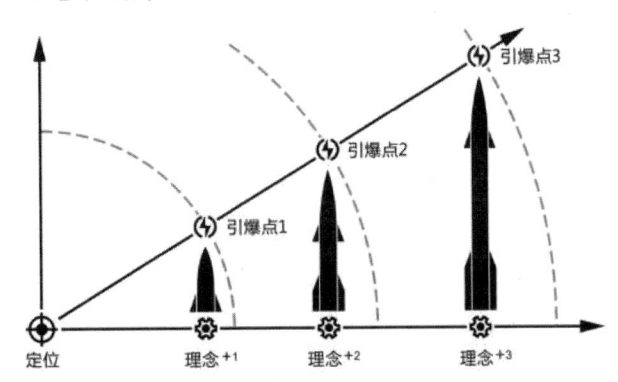

定位、理念和引爆点的迭代关系如图 4-1 所示。

图 4-1 定位、理念和引爆点的迭代关系

> **思考**
>
> （1）你觉得有理念的 IP 有哪些？
>
> （2）你对打造一个超强理念的 IP 有什么想法？

4.2.3 创始人四步创造一套理念体系

理念体系，是一个人核心价值观的表现，也是一个创始人 IP 对外传播的具象化表达。其实，我们每个人都有自己的价值观，只是 99.99% 的人从未提炼过，更不知道把自己的价值观转化为可以具象化表达的理念体系。

一套理念体系代表了一个创始人的价值观、事业的决策方向和指导方针，会影响整个创业的过程，也会影响团队、客户和潜在客户。

我总结出了四个步骤来提炼创始人的核心理念。

- 第一步：明确核心价值观和使命

核心价值观是理念体系的基石，它代表了你对世界和生活的基本信念，你赞同什么，你反对什么，你想做一个怎样的人。每一个创始人都应该安静下来好好思考一下，自己想要做一个怎样的人，这是一个人内在的巨大动力，一旦从内而发，整个生命就会爆发出不可限量的力量。个人使命是你为什么存在以及想对世界做何贡献的表述。你需要思考自己的使命是什么，并用简洁而具有魅力的语言将其阐述出来。

稻盛和夫经营企业的时候，曾经经历过两次巨大的改变。

第一次是在他研发技术的时候，遇到了瓶颈，所有的方法都用尽了，还是无法突破。他就抱着样品睡觉，祈求上天给予灵感，没想到后来真的得到了灵感，实现了很大的突破。之后，有技术员跟他说自己已经尽力了，稻盛和夫就会问："你向神祈祷了吗？"他觉得人能与天连通，所以要"敬天"，要遵守天道。

第二次是在他创业几年后，发现有的员工不努力工作甚至闹事，这引发了他的深刻思考，创业到底是为了什么，难道就是为了赚钱吗？那一刻他幡然醒悟，给自己定下了经营的构想："企业首先要为实现员工物质和精神两方面的幸福做出努力。在此基础上，大家齐心协力，为人类社会的进步发展做出贡献。除此之外，我们的企业再无别的目的。"这个重要的改变就是，创业的目的从过去为自己赚钱转变为现在为员工和社会谋福，其本质就是要"爱人"。

- 第二步：提炼概念

从你的核心价值观中提取出能够概括和代表你核心思想的关键词。这些关键词应该是简洁、有力且容易理解的。比如稻盛和夫有自己的核心价值观，要尊重规律、爱护员工、有社会责任；也有自己的使命，为实现员工物质和精神两方面的幸福努力，为人类社会的进步发展做出贡献。但是，如果连续说这么多字，就不会有人记得，因为太复杂就无法传播，所以必须提炼出最简洁的关键词，就是"敬天爱人"。简单就具有爆发式的穿透力，越是简单的表达，越容易被传播，而越复杂的表达越无法传播，甚至会被误传。

你能背下来岳飞的《满江红》吗？虽然只有 93 个字，但是可能 99% 的人是无法完全背下来的，所以这也影响了它在大众中的传播度。而我们一提到王阳明，你就知道"致良知""知行合一"，因为他把自己的思想提炼得足够简单。

- 第三步：概念图形化

其实走到提炼概念这一步，就已经超越了绝大部分 IP 的认知高度了。毕竟绝大部分人依然在用复杂的语言传递信息，并不停地改变信息的内容，致使努力多年后，依然没有人记得他们究竟传播了什么，品牌也无法在人们心目中留下深刻的印象。如果想再往前走一步，我们就需要把已经极简提炼的概念，再进一步视觉化。人们获取外界信息，不外乎是通过眼耳鼻舌身意来感知的,而图形化就调动了其中的眼和意要素。

理念的图形化是将抽象的理念、概念或思想通过图形、图像、图表等可视化手段呈现出来,以帮助人们更直观地理解和感知这些抽象概念。它有以下几个好处。

(1)增加视觉识别性。使用各种图形、符号、图标等来代表理念的不同方面。这些图形可以是简单的几何形状、图示化的图标,也可以是更复杂的图形设计。通过图形表达,可以使理念具有视觉上的识别性,使人们能够迅速理解和联想到相应的概念。

(2)简化概念,帮助理解。一些理念可能非常复杂或抽象,通过视觉化手段,可以将其转化为更简单、更直观的形式,帮助受众更好地理解复杂概念,降低认知负荷,使信息更易于消化。同时,图形化能够将复杂的理念分解为易于理解和接受的部分,帮助人们更好地理解和分析大量的信息,从而系统地提升理念的实际效果和影响力。

(3)提升吸引力和可信度。视觉化可以提供更具动态效果和美感的呈现,更生动地展示理念的实际应用和效果,提升吸引力和可信度,使受众更愿意参与和关注。视觉元素还可以激发受众的好奇心和兴趣,增加他们对理念进行探索和了解的动力。

我们来看一个例子:中国古人是怎样来表达宇宙万物的生灭变化规律的呢?从最初浑然一体的元气进化为纷繁复杂的万事万物,从这种发展规律中提炼出了一个概念,叫太极。但是,这个概念太难理解,于是古人很有智慧地把它做成了一个图形,这个图形几乎每个中国人都知道,如图 4-2 所示。

图 4-2 太极的图形

然后,人们在此基础上加以延伸,用更加清晰的视觉化图形来进行表达,如图 4-3 所示。

图 4-3 太极八卦

后来人们就凭借着这两个图形,来推演人生、行业、气运等,非常好记又好用。

一九体系在做 IP 高价值定位时，也有高价值定位图形、裂变式发售图形，都是多年前最早推出市场，并经过国家知识产权认证的专利图形，就是为了更加简单精准地表达（图形可以在"王一九"公众号下载）。

再比如，本书的全部内容，也可以用一个图形来表达，这样就更方便大家记忆，如图 4-4 所示。

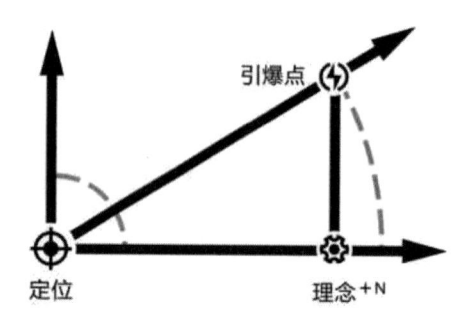

图 4-4　7 字要诀的图形化

但是，这张图的意义远远不止 7 个字，它是一个可以变化的、随着时间的推移无限延伸的图形，这也意味着一个 IP 的深度和高度，是无限延伸并在往后的每个阶段都可以不断深化和提升的。这张图也表达了变与不变。定位是坚守不变的，正如《大学》所讲，"知止而后有定"，定位不变，就止于至善了。理念是可变的，变不是指换一个理念，而是不断地深化，也可以在核心理念的基础上扩展外延。引爆点也是可变的，随着品牌的势能提升，引爆点也将越来越有力度，引爆事业提升的能力也越来越强，犹如坐上火箭一样。

一个理念必然蕴含着很多的内容，必须要进行细化和延伸，在实际的工作中落地，才能让受众更加深度地理解。同时，还可以把理念融入经营细节中去扩展。稻盛和夫有一个理念是"敬天爱人",这是核心,但是仅仅有这一个概念是不够的,因为人们不知道究竟该如何应用它。

- 第四步:理念延伸

"经营十二条"是稻盛和夫创立的"敬天爱人"理念在实践中的具体指导原则。

(1)明确事业的目的和意义;

(2)为经营设立具体的目标;

(3)胸怀强烈的愿望;

(4)付出不亚于任何人的努力;

(5)销售最大化、费用最小化;

(6)定价即经营;

(7)经营取决于坚强的意志;

(8)燃烧的斗魂;

(9)临事有勇;

(10)不断从事创造性的工作;

(11)以关怀之心,诚实处事;

(12)保持乐观向上的态度。

"敬天爱人"理念强调了对自然和人的尊重、关爱和责任感。而"经营十二条"中的一些条款涉及对环境的保护、对员工的关怀和培养，体现了"敬天爱人"理念中尊重自然和关爱他人的价值。

"敬天爱人"理念提倡企业应该超越短期经济利益，关注社会责任和可持续发展，"经营十二条"鼓励企业要具备长远眼光，注重品质、品牌的建设，并通过诚实、透明、公正的经营方式赢得客户的信任，体现了对社会责任的关注和可持续发展的思想。

通过"经营十二条"的实践，稻盛和夫试图将"敬天爱人"理念具体应用于企业的经营管理中。这些原则覆盖了企业在环境保护、社会责任、员工关怀及客户服务等方面的行为规范，它们也共同体现了稻盛和夫对于可持续发展、企业文化和社会责任的坚定信念，旨在创造一个有益于自然、人类和社会的积极的企业环境。

这十二条指导原则有精神层面的，也有实际经营动作层面的，都是在工作实践中总结出来的。反观很多中小企业老板，自己有很好的经营理念，也有很好的感悟，但是没有总结出来，只有自己知道。究其原因，一方面是没有认识到自己的理念会带来 100 倍乃至 10000 倍的影响力，另一方面是不知道如何提炼和总结。

我的"一九体系"以"诚意正心"为核心理念，同时我也在多年的经营中，提炼出了九大价值轮，和团队伙伴们共同坚守。

1. 不贪多、不求快、不外慕

做事情是有规律的，拔苗助长永远也长不出一棵好树，一步一步地走就是最快的速度。不要羡慕别人的成绩，做自己最有价值的事情。

2. 打造个人品牌是一生的修行

企业品牌可能会倒闭，但是个人品牌不会，除非这个人离开了世界。个人品牌需要花费一生来经营，既是事业的经营，也是人生的经营。

3. 近悦远来

在经营的过程中应竭力提升现有客户的体验。当现有客户的满意度得到提升，潜在的客户自然而然地就会被吸引而来。"近悦远来"是我们经营客户的战略。

4. 感恩是一种"魔力"

很多人的生活本该丰富精彩、温暖美好，但是，各种恐惧、疑虑、猜忌、愤怒导致了生活的崩塌。想要找回遗失的美好，我们可以每天写感恩日记，感恩父母，感恩曾经的每位老师，感恩一本好书的作者，感恩所有的客户，感恩伴侣……每日感恩，你会发现它充满"魔力"，生活在一点一点地朝着好的方向发生变化。

5. 学习、健身、"搞事情"

这句话就悬挂在我们办公室的墙上，我们把学习当作首要的事情，把健身当作第二重要的事情，工作日员工可以随时去健身房锻炼，"搞事情"是我们鼓励每个员工自觉地发起对企业有价值的创意活动,各自发挥创造力。

6. 依道而行,一以贯之

"道"就是规律,企业在什么发展阶段应该开展什么业务、采取什么策略,我们要按照规律办事,并且一直坚持这样做下去。

7. 一面"书生气",一面"江湖气"

我们做事不仅要有原则,身上还要有"两把刷子"。在社会上闯荡,必要时,我们也需要具备一种"江湖气"。这种"江湖气"就是我们在做好自己的同时,也有100种手段反击伤害我们的"敌人"。

8. 终身陪伴,终身成长

没有成长解决不了的问题。如果发现有问题困扰自己,说明这段时间自己的成长还不够。我自己学习的原则是宁肯跟一个好老师学习一生,也不要盲目地去学100门课。

9. 知修行合一

读书、学习是为了"知"——建立认知、学习知识,自己明白了以后,才能"行"——落地实操,但是中间要增加一个"修"——修身修心,把自己修好了,行动起来才动力充足。

可能有人会担心,中小企业的创始人打造个人IP,是不是难以打造出特别优秀、深刻的理念体系。但是,我们可以打造出简单的理念体系，即便很简单，也可以让自己的核心价值得到爆发式提升。

一个做文案的学员打造了一套针对朋友圈文案的理念体系，这个体系非常简单，就是如何通过 6 步写好朋友圈文案，他的 2 年收益超过 300 万元；

一个做演讲的学员开发了一套商务演讲的理念体系——"1 分钟自我介绍方法论"，2 年收益超过了 1000 万元；

一个做身心能量开发的学员，构建了一套提升身心能力的理论体系，一年收益超过了 2000 万元；

一个做电商的学员开发了一套"美妆选品"理念体系，专门为女性选择美妆产品，一年营业额超过 2 亿元；

一个做食疗的学员，构建了一套独特的食疗理念体系，一年收益突破 3000 万元。

对于创始人来说，理念体系是 IP 品牌资产中的核心资产，是创始人实现影响力快速提升的关键。哪怕这个理念体系再小、再简单，都可以让创始人脱颖而出。

思考

你过去理解的创始人 IP 打造，是否关注到了理念的部分？

（1）对于图 4-4，你有什么感触？

（2）你觉得自己可以总结出一个什么样的理念体系？

本章总结

1. 创造一个理念，是打造顶级 IP 的"杀手锏"。

2. 创造一个理念，是一种高维的认知，极少有人在做。

3. 创造一个理念，需要 4 个步骤，你可以在"王一九"公众号下载理念打造图表。

4. 创造一个理念，每个 IP 都能做到。

第 5 章

引爆点：让你的 IP 迅速崛起

在明确定位和理念后，是不是就只能一步一步慢慢去做呢？我们首先要按规律来扎扎实实地做事，除此之外，还要学会借势引爆。在扎实做事和借势迅速崛起之间找到平衡，这也是创始人打造个人 IP 7 字要诀中十分关键的一环。有了引爆点的爆发式传播，创始人的人格和理念才能够被更多人看到，个人 IP 才能够成功树立并迅速传播开来。

《孙子兵法》中说："故善战者，求之于势，不责于人，故能择人而任势。任势者，其战人也，如转木石。木石之性，安则静，危则动，方则止，圆则行。故善战人之势，如转圆石于千仞之山者，势也。"

真正擅长谋略的统帅，总是从"势"中去追求胜利，而不苛求部下以苦战取胜。他能恰当地运用天、地、人等"势"，指挥军队作战，就像转动木、石一样。木、石的性情是处于平坦地势上就静止不动，而处于陡峭的斜坡上就会滚动。方形容易静止，圆形容易滚动，运用得当，其态势就像从千米之高的山上滚下圆石一样，直击敌人，毫不费力，这便是兵法上的"势"！

这种"势",比个人的努力要大一千倍、一万倍!

打造创始人IP也是同样的道理,要善于运用势能事件,一次又一次地引爆,这样就能毫不费力地超越很多竞争对手。

我有一个学员是做财务咨询的,他说自己创业几年来,一直很累。

我问他:"你都是怎么做业务的呢?"

他说:"一年有一半的时间在赶往拜访客户的路上,但成交率也不是很高。"

我说:"这就是最大的问题。你最擅长的是做财务咨询,而不是跑业务。你这样一对一地跑业务,成交率一定不高,而且你有一种上门求人的感觉,即便成交了,客户也不重视你。"我的意思当然并不是说这种方法完全不能用,但是,过去很多中小企业就这么做事情,一家企业招募几十个业务员,甚至几百个业务员,想要提升业绩,必须增加人员,这就像驱使士兵去搬运石头一样,用最艰难的努力来达成结果。这就会使企业面临成本的不断攀升,一家企业人员越多,人均产值就越低,企业就越容易面临风险。

后来,我为他规划了创始人的个人品牌,然后策划了大型事件,不仅销售了知识产品,还有很多企业主动来找他做咨询,他很快就招聘了咨询人员,来接待客户。

我们再来看看那些擅长造势,通过势能事件去引爆业绩的企业是怎么做的。比如苹果，它的创始人乔布斯从不向任何人去一对一地推销产品，而且你去任何一家苹果商店参观，都没有人向你推销产品，这是他们的规定，就是不向任何人推销任何产品。但是，每当有新产品推出，乔布斯都会举办一次全球发布会。这个发布会，就是乔布斯制造的一次销售提升、品牌提升、新品发布三位一体的引爆型大事件。

我在创业之初就时常思考，像我这样性格内敛、喜欢深度思考，又不想去拜访客户的创业者，怎样才能获得客户呢？我必须找到一个方法，让自己永远不用一对一地拜访客户，最后我选择了做"势能大事件"的方法，不断地提升势能，之前每年都做两到三次发布会，或许未来每年只做两场，甚至只做一场发布会。这就是通过大事件，来提升品牌影响力和销售业绩。

5.1 打造大事件的五大策略，制造引爆点

创始人应该怎样打造大事件？很多中小企业的创始人所拥有的客户不是很多，自己的社交圈层也不是很大，如何规划大事件实现破局？很多人有一个巨大的误区，就是觉得要做一件全互联网人人皆知的事情，才叫大事件，所有人都想做"热点式"事件。其实，这是被热点话题和很多人错误的传播所误导了。

作为一个普通个体或者中小企业创始人，哪有那么大的力量影响全

互联网呢？实际上，并不是只有引爆互联网的事件才是大事件，能够在创始人朋友圈中引起关注和讨论的事件都是大事件。

就像你们自己家办了一次喜事，全村的人都知道了，你的亲朋好友都来祝贺，你朋友圈的朋友们也来祝贺，此时此刻，这就是你们家的大事件，已经造成了很大的影响力。

互联网企业举办了一个节日，比如"双11"，就是一个大事件。你举办了自己的生日宴会，只来了20个人，对你来说，也是一个大事件；一个门店举办了一次开业庆典，一家企业举办了3周年庆典，这些都是一个个大事件。关键是你能不能借助这个节点去策划一个具有影响力的"势能大事件"。这些事看起来稀松平常，就像一块石头一样普通，但是如果你能像转动滚石一样，让它从山上滚下来，形成千钧之势，那么，就能在你的影响力范围内形成巨大的势能。

我们可以从5个维度来创造大事件，分别是时间维度、数量维度、主题维度、空间维度和频次维度。

5.1.1 突破时间维度

在突破时间维度方面，以笔者自身为例，我曾经进行过12小时直播发售，20万元的客单价，一次性预约了105人。

同一个事件，别人直播1小时，你直播10小时，在时间上就占据了绝对的优势，这个差距在大众心目中就会形成一个巨大的势能差距，就是一次大事件。

视频号直播,在很多人看来是一件稀松平常的事情,主播往往只需要在早上或晚上的黄金时间段直播1~2小时。还有一部分人会不定期直播,每次1小时左右,和观众聊一聊当下的时事和自己的看法等。

那怎么才能用视频号创造大事件呢?

2021年视频号刚刚上线不久,我就在思考,如何顺势而为,通过视频号直播创造大事件。我们团队在一起进行头脑风暴,提出各种创意,最后我们决定突破时间维度来创造大事件。

当别人都选择直播一两个小时,或者当他们播上两三个小时就累了的时候,我们决定连续直播12小时。在当时的情况下,这是一个非常大胆的决定,几乎没有人这样做过。因此,连续12小时的直播就成了一个大事件。

当你在朋友圈中发布将要连续直播12小时的预告后,必然会吸引很多人的关注。他们会想:

连续12小时直播,你到底有多少内容要讲?

这12小时中,你不吃饭吗?

怎么坚持12小时,你不需要去卫生间吗?

....

基于这些问题,很多人会对这场12小时的直播十分感兴趣。12小时的直播可能算不上互联网中的大事件，但绝对是创始人朋友圈中的大事件。

2021 年 3 月 28 日，我就按计划开展了这次"首次挑战 12 小时直播"大事件，热度突破 20 万，如图 5-1 所示。在当时，视频号刚刚推出才几个月，还没有人这么做，我就是第一个吃螃蟹的人。大家都很好奇，有一批人真的盯住屏幕听完了 12 小时。直播完我还写了一篇总结性的文章进行复盘，提了 19 条 12 小时直播避坑建议，如图 5-2 所示。

图 5-1　王一九直播图

图 5-2 王一九公众号复盘

作为首次挑战 12 小时直播的创始人，我是怎么做的呢？做任何大事件，都要有关键点，我把它称为大事件的关键要素。

第一，要有一个好的概念，这次大事件的概念就是"挑战 12 小时直播"。

第二，要有一个好的主题，告诉别人你这场大事件究竟要做什么事情。

我们第一次 12 小时直播的主题，就是"一次讲透个人品牌系统"，如图 5-3 所示。

图 5-3　王一九直播宣传海报

第三，要有好的传播。

（1）提前做好调查，了解受众想听什么。直播之前，我专门在社群做了一个问卷调查，收集大家在个人品牌方面的相关问题。

（2）提前发布一条有针对性的视频号内容，进行前期预热。为了这场直播能够顺利开展，我提前一周让知名短片导演卢不斯帮我录制了一个4分钟的预热视频，吸引了数万人观看。

（3）提前发布了一份与主题相关的电子书《个人品牌秘密文件》。

第四，要有一个好的收尾。

直播结束后，创始人的工作还没有结束。创始人需要进行直播复盘，将经验整理成文字，发布到公众平台上，借此实现 12 小时直播这个大事件的进一步传播。例如，我在直播结束后，就将直播复盘的内容整理成文章，发布到"王一九"公众号上面，给更多的人提供直播指导。

图 5-4　直播收尾的文件资料

从此，12 小时直播，成为一九体系学员策划产品发售的重大事件之一，很多学员纷纷开展 12 小时直播，发售产品的效果也超级好，更重要的是通过一次大事件就能把自己的思想、理念、价值观、产品体系跟客户说得明白透彻。

很多人在做完 12 小时直播后，势能得到了很大的提升。为此，我们专门整理了 12 小时直播发售的体系，提炼了 30 多个 SOP（Standard Operating Procedure，标准作业程序）文件。

2022 年 2 月 20 日，我们第 3 次挑战 12 小时直播，达到了 16 万人的场观，震撼了很多人，如图 5-5 所示。

图 5-5　第 3 次 12 小时直播战绩

这场直播最终的数据如下：场观 16.3 万人、平均在线接近 2000 人。在直播中，我发售了一九个人品牌商业一对一私教，20 万元的客单价吸引了 105 人报名（不过最终我只收 15 人）。我的图书销售了 2000 多套，增加新粉丝 2000 多人。那么，这场效果震撼的直播是怎样实现的呢？

第一要素，仍然是概念——第 3 次挑战 12 小时直播。

第二要素，一个好的主题。这次的主题我们提炼为"IP 商业变现"。主题可以变化，但是要围绕创始人的定位展开，不能偏离定位太远，我是做个人品牌咨询的，所以会一直围绕个人品牌来设计主题。

直播内容包括 3 个部分：对创业趋势的理解、IP 商业变现和成事心法。

首先，我在直播中讲解了我对创业趋势的理解。未来，在自媒体、个人 IP 等更多维更新型的模式赋能下，个人创业趋势将进一步爆发，更多人能够通过创业实现自己的梦想。

其次，在 IP 商业变现方面，我分享了 2022 年的 IP 商业红利、全新的 IP 商业模式、千万级 IP 高价值定位法、裂变式发售 5 步法等，并对个人 IP 变现路径进行了拆解。

最后，我分享了自己的成事心法："不贪多、不求快、不外慕""诚意正心，就会近悦远来""依道而行，一以贯之""所有没有累积的事情，都不值得做"。

第三要素，产品的发售。

这次直播也包括了我们个人品牌的一对一私教产品的发售。很多人只知道我带"一九私董会"的学员做出了十分优异的成绩，但不知道"一九私董会"的交付如此细致。在这场直播中，我对交付的过程一一进行了讲解。

例如，一对一辅导是需要每位学员亲自来深圳，和我进行面对面沟通的。在这个过程中我会帮助学员梳理目前的问题以及改进的方向。我需要花费很长的时间挖掘一个人的价值，反复推敲后才确定他的高价值定位。再如，我的辅导会贯穿学员产品打造、产品发售、售后服务全流程，服务十分细致。带学员出成绩，就是要在战略上有精准的把握、在过程中要陪伴学员做细节规划、在辅导上用心，把自己90%的时间都用在学员身上。

第四要素，是对大事件进行总结，发布到公众号。

突破时间维度，是大事件突破的一个重要方向。

思考总结

(1) 在你目前的事业中，有哪些可以在时间维度上进行突破？

(2) 当你熟练操作一个大事件后，如何在反复的应用中去不断地完善，使其产生更大的效果？

(3) 作为创始人，你过去是否应用过大事件来提升影响力？

5.1.2 突破数量维度

打造大事件还可以从数量上入手,例如,笔者曾经发起过百万人读《大学》,即 100 万人共读一本书的活动。

2022 年我发起了一场活动,叫"百万人读《大学》",这是一场读书的公益活动。2022 年 9 月 24 日下午,我们在深圳市樊登书店举行了启动仪式,有腾讯网、深圳新闻网等 8 家媒体现场采访,如图 5-6 所示。2023 年我们又举办了第二届百万人读《大学》活动,还得到了中国孔子基金会和孔子学堂的支持。

图 5-6 王一九接受采访

我是做个人品牌咨询的,那么为什么要做一场关于国学的活动呢?商业的本质就是不断为社会创造价值,要深入理解做事的规律。为社会创造价值的前提是，我们自己的内心要足够安定，要诚意正心，要格物致知，才不会迷茫焦虑。这正是《大学》教我们的智慧，同时还有"修身齐家治国平天下"这个大道，就是提醒我们，要清楚事物的规律。

修身后再齐家、再创业，只有知道事物的本末，知道做事的先后顺序，才能做好事业。《大学》这本书已经把整个底层逻辑讲得很透彻了，读完《大学》再去读《论语》、读《孟子》、读《中庸》、读《王阳明传习录》，才能读懂中国儒家文化，学到人生智慧。这个时候，我们再做商业自然而然就内心安定、事业稳定了。

那么，具体该如何做，才能让大事件的打造尽快落地呢？

很多人在策划大事件的时候，觉得就是找个大场地，邀请业内大咖，轰轰烈烈地开一场会就行了。但是，我们经过认真分析，认为要把"读《大学》"这件事落地，真正能让很多人读起来，并影响更多人一起参与，这样做是远远不够的。于是我们策划了由三大类领读人来领读的环节，一起完成这次大事件。

第一类：1000个领读群主；

第二类：100个城市的线下领读人；

第三类：数位百万级互联网大咖。

邀请了这么多人，如何确保每个人都能读并读完呢？如果详细解读《大学》的每个细节，那么很难做到。我们需要简化领读的方式，越简单越能执行下去。于是我们把领读人分组并分配相应的内容，用7天的时间来读完（2023 年的活动是用 10 天的时间），有效减轻了读者的负担。同时，为了让读者更深入地参与进来，我们要求每个人每天抄写一小段《大学》里的文字内容。我自己也每天抄写并带动大家一起来抄写。我们读《心经》，不就提倡虔心抄经吗？《大学》堪称凝聚中国古典智慧的"心经"，那么我们就带领大家一起抄写，而且鼓励所有人在朋友圈展示自己所抄写的内容，影响更多的人去学习中国文化。最终，我们定下了读《大学》的形式：读一遍、抄一遍、传一遍。

可是，读和抄仅仅能学习到皮毛，怎么才能让人深度理解呢？于是我们又开启了直播，一方面谈我自己的理解，另一方面邀请国学讲师一起来分享，主要分为三个部分：

（1）《大学》里的人生智慧；

（2）《大学》里的商业智慧；

（3）《大学》里的生命智慧。

2022 年就有不少中小学老师参与了活动，还带动他们的学生一起来读《大学》。这一点让我非常触动，很快就做出第二年再次举办的决定。

2023 年 9 月我们如期举办了第二届百万人读《大学》活动，这一次我们得到了孔子基金会、孔子学堂的支持，它们主动联系我们，作为联合主办单位，同时也得到了一些企业家的支持，甚至还邀请到了大学教授来参与启动仪式。读书活动现场如图 5-7、图 5-8、图 5-9 所示。

图 5-7　王一九读书活动现场图 1

图 5-8　王一九读书活动现场图 2

图 5-9　王一九读书活动现场图 3

第二届百万人读《大学》活动，规模比第一届有所扩大，更多的领读人加入我们，一起来传播中国圣贤文化。我们采取了以下措施。

（1）邀请 3000 个群主一起领读；

（2）邀请 200 位企业创始人一起领读；

（3）征集 100 个城市领读人，在线下组织活动；

（4）邀请 10 位百万级互联网大咖助力；

（5）邀请 10 所学校的老师领读。

同时，我们为了深化这次活动的效果和影响力，重新提出了"五个一"领读法的创意，让更多的人不仅能够阅读，还能够展示出自己的阅读成果。

在 2023 年的第二届活动中，我们再次捐赠了 10000 本书，也邀请了更多的人参与到领读中，希望通过这样的活动，"为往圣继绝学"，去影响更多的人学习中国文化，为传播中国文化尽一点力。

"百万人读《大学》"已经成为我们品牌的经典大事件，我计划做十年，做十届。当我在活动现场提出这个期望时，很多人表示愿意全力地支持我们。

我说："其实我并不知道我能不能做十年，因为我不知道我们的经营状况在这十年中会不会一直很顺利。但是，如果有可能，这是我们的一个美好期望。未来，也许'百万人读《大学》'会成为一个独立的品牌，是不是由我做，都没有关系。"

做这件事，对我们的商业发展有没有帮助呢？客观上肯定是有的，但是我们只想把这件事当作品牌每年的公益活动。做"百万人读《大学》"期间，我们不做任何商业宣传，也不销售任何产品，希望能纯粹一点。

思考

每个人都可以做一点自己喜欢又有价值的事情，你可以做什么呢？

5.1.3 突破主题维度

很多企业创始人可能觉得自己没有什么大事件，没有科技的突破，没有规模的突破，好像日子过得非常普通，实在是没什么惊喜之处值得拿出来谈的。其实不然，我们完全可以自己创造出一些活动。商业体系中很多的节目和活动，都是商家自己造出来的。

例如，淘宝的"双11"购物狂欢节是一个全民的线上购物狂欢节，这一个节日所创造的销量，在淘宝全年销量中占了重大比例。但是，在2009年以前，世界上并没有"双11"购物狂欢节，这是一个无中生有的节日，是阿里集团硬生生地创造出来的。而这个节日有多厉害呢？当年的最高峰突破5000万元的销售额，创造了空前的奇迹。后来，在2010年，京东商城也大规模推广"618"京东购物节，销售额猛增。

有一家名叫"老娘舅"的快餐店，特别注重米饭品质，他家有个口号是"吃饭要讲究，就吃老娘舅"。为了让顾客吃到讲究的米饭，他们每年只种一季稻谷，收一次米。十月收米，十一月就上桌。于是，这家店就创造了一个节日叫"老娘舅新米节"，还配了一个新米节的口号"10月收割，11月上桌"，如图5-10所示。

图 5-10 老娘舅新米节宣传海报

老娘舅创造的这个大事件，有三大好处：

（1）更加强化他们是一家非常重视食材质量的餐饮店，连最基本的米饭都如此重视，客户很容易就会联想到，别的方面肯定不会差。

（2）创造一个节日，不仅仅能让客户参与一次活动，更重要的是每年都有这个节日，客户每年都能来参与。这就大大提升了品牌资产。

（3）增加销量，在新米节期间，除了餐饮店原本的产品，还可以直接销售大米。

我有个学员爱华是"菲尝四季食疗"的创始人，2023年夏季为了推广食疗，让更多的人理解食疗，她策划了一个节日，叫"野生艾采摘节"。艾，是一种非常好的中药材，艾灸也是中国的传统医疗手法，能帮助人们提升阳气。市面上有很多人都在销售艾条，但是如何让消费者认识到野生艾的价值，从而真正理解食疗的价值呢？她邀请了一部分人来直接参与到采摘过程中。这个节日不仅对客户来说是一次学习和探索，还影响了当地的农民，让他们也一起参与到采摘活动中来。

这样的活动，有以下两大好处。

（1）让客户深入了解了什么是健康的食材，而天然的、野生的食材，配合中医食疗，能帮助更多人收获健康。这也让那些想要调理身体的客户更加坚定地跟随她。

（2）吸引新客户和想学习食疗的人加入"菲尝四季"，当季他们就招募了几百名食疗师并进行食疗推广，吸引了许多人。

我还有个新疆的学员刘宏平，她是做农业高产技术的，也就是帮助农民和农场主提升种植的技能，实现高产。刘宏平以前都是自己一对一谈业务，做得很辛苦。2023年初，我建议她策划大事件来实现业绩的突破。当时正值春节期间，她在策划过程中感觉时间紧、压力大，给我打电话说不想举办了。而我还在旅行的车上，只能找机会下车，与她电话沟通了半小时，最终她还是决定尝试并将日子定在了3月16日。

我们仅有一周的筹备时间，本以为只会来几十人，结果来了100多人，会场根本坐不下，我们就直接把工厂改成了会议现场。来的人个个充满激情，场面十分热烈，非常有农忙时的感觉。活动现场如图5-11、图5-12所示。会议结束后，刘宏平带着大家直接参观工厂、肥料库房，很多农场主都积极地上台发言、相互交流。

在高产论坛中，我们还设置了农业专家专题报告和颁发奖品等环节。大事件不只是主办者的单向输出，更是参与者之间的相互赋能，这种场域为她提升了很大的势能，很多拥有数万亩土地的农场主都开始主动找她合作，现场就有人直接订货。这次大事件让她的企业在后续的2个多月增加了1000多万元的订单。

这是一个很好的开始，那么接下来要做什么事情呢？

图 5-11 活动开幕

图 5-12　活动过程

在夏季的时候，我就开始帮她策划秋季的另一个大事件。那么，对于农业领域来说，究竟什么活动可以成为大事件呢？想来想去我们都觉得丰收是最重要的事情，于是就想到了一个创意叫"丰收节"，计划一次性邀约几百个农场主到现场，一边庆祝丰收，一边交流如何在来年更加高产。以前她的客户大都是一些千亩级别的农场主，通过这两次大事件，很多拥有上万亩甚至几十万亩田地的农场主都主动来跟她合作，都觉得她太了不起了。这就是大事件的威力。

思考

你们企业的业务，可以造什么节，来提升自己的品牌资产？

5.1.4　突破空间维度

当你看到一本好书时，你有什么感觉？是不是觉得作者很厉害，如果你有这方面的专业问题，就想要去找这个作者解决。对于普通人来说，能和作家一起吃顿饭并找他签名，是一种荣耀。你无法跟很多人在同一个房间里坐下来沟通，但是可以通过书跟数万人，甚至数十万人沟通你的思想，这就是一种空间上的突破，看似不动声色，其实是一件有着巨大影响力的大事件。

创始人出一本书，对自己身边的人，尤其是自己的客户来说有很大的影响。很多没有出过书的人会觉得出书是一件十分了不起的事情，知道自己熟悉的人出了一本书后，会好奇书里的内容。因此，对于创始人来说，出书不仅是一个引爆朋友圈的大事件，还是让别人深度了解自己的重要途径。

2020年我出版了第一本书《从0到1打造个人品牌》，这本书我花了整整一年的时间来写，一出版就收获了不错的评价，提升了我的影响力。

从2019年开始到现在，我至少鼓动了几百个学员写书。曾经在线下训练营上，我问大家，谁愿意加入写书行动，一年写一本书？如果谁写不完，他就给同学们发2000元红包。结果哗地一下就上来了二十几人，然后我就让摄影师拍照留作证据。到了第二年的线下课，有一半的人没有完成，他们心甘情愿地发了红包。估计发红包的那天是那次线下课大家收获最多的一天了吧。

然后，我又问，还有谁愿意加入今年的写书计划？如果一年写不完就发10000元红包！哗地一下，这次来的人更多了。这几年，我带私教学员写书，很多人都完成了自己的出书梦想。

我在创业十多年的过程中，无论在写方案方面，还是在帮助创始人打造个人品牌方面，都积累了丰富的经验，形成了自己独特的方法论。为了让更多人了解我的方法，我出版了多本书籍，如图 5-13 所示。

图 5-13　王一九出版的书籍

但是，写书其实仅仅是出好一本书的第一步，最多占 10% 的工作量。很多作者，或者说 90% 的作者都没有卖好自己的书，以为把稿件交给出版社就等待分稿费了，这是对出书没有深度认知的表现。

首先，出书要选择理想的出版社；

其次，要跟出版社和编辑深入沟通选题和内容；

最后，要有一套自己的发售策略。

很多人出书都不赚钱，或者只能拿到一点稿费，但是我出的每一本书都能赚回几十万甚至上百万元。因为我有一套"推书四步法"，按照这个方法进行反复销售，再加上组建读书会，不断汇聚粉丝，出书的收益就会有成百上千倍的增长。

《从 0 到 1 打造个人品牌》一出版，我就组建了共读会。共读会的每次活动都有几千人加入，总共创造了几十万元的收益；另外，通过共读会又会有更多的会员报名我的课程，从而又增加几百万元收入。

按照"推书四步法"来进行新书发售，很多学员也完成了几十万甚至上百万元的收益。

出书也是创始人打造大事件的有效途径之一。

5.1.5　突破频次维度

突破频次维度也可以创造大事件。我的一个朋友就连续做了 100 个读书短视频，形成大事件。

我的朋友十分喜欢读书，并且乐于分享，每隔几天他就要发布一个视频，给大家分享一本书。在半个小时左右的视频中，他会和大家分享书中的故事、读书的感悟、准备要读的下一本书等。在持续的更新中，他吸引了不少爱读书的"书粉"，也有不少粉丝被他身上从容、智慧的特质吸引，成了他的客户。

年终的时候，他在朋友圈和抖音上发布了一个直播预告："一年读

100本书，我从中学到了什么？相约直播间，分享给你。"这个直播预告在他的朋友圈中引起了不小的关注，不少人都在下面评论："坚持得好久啊，看过你的分享，竟然一年读了100本书""期待，向坚持学习的人致敬，直播的时候一定到"。

虽然很多人都知道他平时在做读书分享，但还是震惊于他可以一年读这么多本书。很多长期关注他视频的人十分兴奋，期待通过他的分享学到更多知识。最后，这场直播吸引了近5000人观看，其中大部分人都是他的朋友和客户。通过这场直播，大家加深了对他的了解并更加感动于他的坚持。同时，这场直播也为他带来了不少新客户。

打造大事件并不单纯地指做一件大事，平时的小事，坚持久了也是一个大事件。例如，坚持分享、坚持健身等日常小事，都可以经过时间的积累汇集成一个高频次的大事件。而大事件的分享可以展示创始人的自律和坚持，在加深人们印象的同时也能够打造更好的口碑。

我自己曾经坚持在社群连续分享582天，每天不间断，即便是我凌晨到家，也一定要把当天的分享完成。很多人听到这件事情，就非常赞叹。

我还坚持连续修炼十步九通（类似太极的一种功夫）加上正坐（儒门正坐）886天，其实这是一件非常小的事情，我发的图片也非常普通，如图5-14所示，就是这张黑色底白色字的图片，居然有不少人借用。而且大家看到这个数字的时候就很震撼，他们都觉得我是一个非常自律的人。

图 5-14 我的日常分享

所以，我们不要以为只有惊天动地的大事情才能引发关注，日积月累的小事件，累计超过 100 天也就变成了大事情，如果超过 365 天，就会成为让很多人赞叹的大事件。

5.1.6 一年曝光 3 次，持续做大事

打造大事件并不是只打造一次就可以了。一个大事件的影响力往往只会持续几个月，因此，创始人需要长期坚持打造大事件，提高大事件的曝光度。一般来说，创始人可以保持一年曝光 3 次的频率来打造大事件。

创始人可以通过以下两条路径来长期打造大事件。

（1）创始人可以通过不断延续同一个大事件，打造出系列性的大事件。比如，如果创始人喜欢戈壁徒步旅行，那么可以制订一个每年 3 次徒步戈壁的计划；如果创始人特别有爱心，经常投身公益事业，那么可

以制订一个每年举办 3 次公益活动的计划。

（2）创始人也可以通过打造不同方面的大事件，展现更加立体的形象。例如，创始人可以分享自己在行业内的成就、参加电视节目、新品发售会、爱心捐款等多方面的大事件，多维度地展示自己的形象。大事件持续曝光，创始人个人 IP 的影响力才能不断提升。

> **思考**
>
> 这几类引爆大事件的策略，你会选择哪一种？你打算一年做几次大事件呢？

5.2 以他人之例挖掘引爆点

打造个人 IP 离不开制造引爆点，本节笔者将带大家从罗永浩和罗振宇的《长谈》，以及我学员的实例出发，学习制造引爆点的思路，快速提升个人 IP。

5.2.1 9 小时《长谈》，提升两位大叔 10 倍的影响力

2017 年 4 月 7 日，"得到" App 创始人罗振宇做了一场 9 小时的超长采访，采访对象是锤子科技的创始人罗永浩，这次访谈被命名为《长谈》，宣传海报如图 5-15 和图 5-16 所示。这个时长刷新了电视访谈的纪

录，被誉为"史诗级大战"，一场现代版的《冰与火之歌》。虽然后来罗永浩的"锤子手机"经营失败，欠下了 6 个亿的债务，但这是后话了，依然不影响这一场几乎可以载入自媒体发展史册的"论战"的地位。

图 5-15 《长谈》宣传海报 1

图 5-16 《长谈》宣传海报 2

在这个几乎是中国乃至全球历史上最长的电视访谈节目《长谈》中，两位大叔到底聊了一些什么呢？无非是谈天说地、谈古论今，还有谈情说爱的话题。不过这些都不重要，我们能记住的就是这两位大叔，谈了

9个小时。长谈实录已经火速地在大家的朋友圈、微信群像病毒一样传播开来。

为什么这次事件这么有影响力呢？不管后来的罗永浩是否成功地收购了苹果企业，不管罗振宇的"得到"是否成功上市，这些都不重要，重要的是，在当时通过"9小时"访谈这个时间维度的突破，他们两人都获得了巨大的影响力，对他们的事业提升带来了巨大的帮助。

5.2.2 她连续100天7点直播读书，一次发售80万元

我有个学员非常喜欢读书，对商业不太感兴趣，一看就是那种知性内敛、大家闺秀式的女生，一开始大家都觉得她无法赚钱。

她既不想销售产品，也没有销售的能力，以前是通过帮助别人写个人故事赚钱的，一篇稿子能赚到1000元。此外，她还帮别人写文章、写书，一年能赚20万元。

后来，我发现她特别爱读书，一年能读300本书，还能坚持每天都写作。我就跟她说，你一年能赚100万元，她完全不敢相信。

我让她坚持每天做1个小时直播，每次分享一本书。由于她喜欢读书，所以这件事她十分愿意去做。她每天坚持早晨6点起床，7点在视频号直播读一本书，连续分享了100天。接着，我建议她策划一个写作营的产品，一份定价9800元。她一次就销售了80多份，一周内便收入80多万元。

后来,她继续坚持每天早晨 7 点分享,已经连续坚持了 400 多天了。很多人仅仅听到"6 点起床、7 点读书,连续 400 天"就直接买单,原因很简单,这件事超出了常人能做到的范畴,很多人都想要成为她那样的人,于是就非常愿意花点钱向她靠近。

思考

(1) 从"做事"到"做势",给你什么启发?

(2) 你打算如何创造自己的引爆点(你也可以添加我的微信,领取更多引爆案例)?

第 6 章

打造创始人 IP 的 12 种深度思维

在打造创始人 IP 时,想要不断升级迭代,不仅需要技能的提升,也不是照搬照做就行,更重要的是思维深度的扩展,思考有多深,才能做多深。深度思考才能让创始人随着市场的变化不断改进做法。本章将为大家介绍 12 种深度思维,帮助大家提升打造 IP 的思考深度!

6.1 战略思维:突破事业的格局

战略思维指的是从全局的视角客观看待事情,体现的是一种战略整体观。创业者着眼全局,以科学的方式思考和处理问题,更能够提升事业的格局。

6.1.1 成为顶尖高手的 2 个法则

你有没有看过《天龙八部》《射雕英雄传》或《神雕侠侣》?前不久,

我再一次阅读金庸先生的书时得到了一个重大的启示,我明白了那些顶尖的门派是怎么成为武林巅峰的。

读过金庸武侠小说的人,一定知道江湖上有名的少林派和全真派。这两派的弟子在江湖上是绝顶的高手,尤其是全真派的王重阳,是高手中的高手。华山论剑后诞生了五绝,分别是东邪黄药师、西毒欧阳锋、南帝段智兴、北丐洪七公、中神通王重阳。五绝中,全真派的王重阳是最厉害的。但是,后来的事情大家都知道了,全真派衰落了,而且是一败涂地!(注:此处谈论的仅仅是文艺作品中的设定,纯属虚构,和现实无关。)

全真七子,没有一个争气的。全真派后来连古墓派都打不过了,一个杨过就能团灭整个全真派。更可恨的是,连反派人物李莫愁都打不过……

可以想象,这一派衰落得有多厉害。可惜当初王重阳还算是五绝中最厉害的人,但"武二代"们一点也不努力。

而与此同时,少林派则一步步发展成为江湖中的名门正派,而且,少林还有72绝技!

我们都知道,有时候只需要一门绝技就能独创一派,而少林派一家居然就有72绝技,比如,少林腿、一指禅、龙爪手、拈花指、易筋经、洗髓经、无相劫指谱、般若掌、伏魔杖,还有更厉害的大力金刚掌、金刚不坏神功等。

其中,金刚不坏神功是少林的绝顶武功,练成后刀枪不入,非常霸道。

而且，江湖中很多高人都隐居在这里，就连乔峰的爸爸——萧远山和慕容复的爸爸——慕容博，都是好此。

这样的一个少林派，是不是非常了不起？你想想看，假如你现在也拥有72绝技：演讲、文案、IP、私域流量、哲学、抖音、视频号，同时，你还会战略、管理、运营、财务、投资、融资，还会赛车、唱歌、弹吉他、弹钢琴……甚至还拥有马甲线、胸肌、翘臀，等等。

如果你拥有这么多绝技，那一定很了不起，赚钱将会变得十分轻松。

可惜的是，很多人连一项绝技都没有！毕业都10年了，一项绝技都没练成！

那么，少林寺的72绝技究竟是从何而来的呢？

我也很想知道这个问题，于是我研究了一下，结果发现少林寺有两个部门，一个叫般若堂，一个叫藏经阁。

般若堂是干什么的呢？少林弟子会把他们在江湖上看到的有价值的一招一式，都带回般若堂去分享，并由专门的人来研究这些新招式，这种方式放到现代便叫拆解。

研究完毕后，他们便开始演练。他们可不像很多人只做表面的功夫，他们是真的勤学若练，连扫地僧都不例外。所以，在他们强大的学习和研究能力下，许多原本不是少林的功夫被收入囊中。

然后，他们开始根据研究和演练所得来编撰资料，方丈拎着一个

"电脑"进行文件整理,最后,他们研发出了属于自己门派的 72 绝技。

不仅如此,他们还开辟了一个部门叫藏经阁,将所有资料都汇集于此,所有少林弟子都可以去借阅图书并根据自己练习的程度选择适合的武学招式去学习。

你以为这就结束了吗?

不。如果光有书,他们学起来也会比较艰难。所以,他们还有师徒制,实行"私教制度"。徒弟对师父非常尊敬;师父对徒弟也非常认真负责,不仅仅教武功,还教为人处世的道理。一边教武学,一边修禅。一个是学功夫,一个是学做人。只有这两个都教了,徒弟才能真正地成长。

他们就是这么研究武功的。

研究了多少年呢?1000 多年。

少林派终成江湖中的第一门派,直到现在,它在全国甚至全世界还有众多的门徒、追随者,备受尊敬。

好了,再看看全真派,后来他们怎么样了呢?

王重阳死后,门派内部就开始乱了,全真弟子竟然妄图去挑战东邪黄药师,想要赢取名利。可是,黄药师武功多厉害啊!

后来他们又去江湖上到处"营销自己",弄出各种事件,想要获取名利。总之,就是不好好修炼武功。他们的掌门王重阳留下了那么厉害的武功,有人全心投入去研究吗?除了一个周伯通,其他人几乎都"躺平"

了……

更有甚者，尹志平，居然打起了小龙女的主意，使全真派在江湖上臭名远扬。如果他们也像少林派一样，设立一个戒律堂，让弟子们每天回去反思悔过，可能就不会出现尹志平这样败坏门风的人。所以，这个门派既不好好地练武功，也不好好修身；他们既没有般若堂，也没有藏经阁，王重阳的绝世武功，也只能随着他的死去，藏于古墓旁边了。

纵观现在那些厉害的学院，例如，哈佛、北大、清华……都有各种自己的研究院，这相当于般若堂；也有自己的图书馆，这相当于藏经阁；还有自己的出版社，用于发表各种研究论文，这不就是在整理自己的72绝技吗？

但是，现在还有很多资质一般的学院、培训机构，将精力用于营销事件，只关心自己如何出名，而不好好研究自己的"武功"，也不好好教自己的"弟子"，整天就想着如何多赚钱，甚至如何上市，如何公开募股……这和全真教有什么区别呢？

看金庸的小说，真的有很多感触，尤其是少林派和全真派的对比，给了我两点启示：

（1）好好地修炼自己的武功，比什么都重要。同时，要清楚自己的武功在江湖上是什么水平，不要盲目自信。

（2）好好修身。一是要修自己的诚意正心。这并不是说永远不要做错事，而是我们可以日日反省。谁也保证不了一辈子不做错事，人都是有七情六欲的。

二是要修包容之心。少林派就有海纳百川的气度，不管是来自外邦的武林人士，像吐蕃和尚鸠摩智，还是曾经作恶多端的萧远山，抑或是偷盗少林 72 绝技的慕容博，都能在少林寺找到容身之所。所有的少林弟子也很低调，从不张扬，就是好好地修炼、修身！

本节内容带给你什么启示呢？写在下面：

_____

_____

_____

6.1.2　发一个大愿，为这个世界做点事

为什么有的人能定下心来做成一件事，而有的人就是无法安定？他们总是做着这件事，心里却想着另一件事，结果就是，本来能做成功的事，却没有结果。而那些所谓资质差的人，却可能比他们做得好 10 倍，甚至 100 倍。

你身边是否有无法定下心来做事的人呢？你自己是这样的吗？

我将给大家分享最近两年发生的 3 个案例，希望带给大家一些启发。

第一个案例的主角是阿冬。阿冬原本做美业做得挺好的，一年能有 1000 多万元的营业额。后来他觉得美业需要人工付出，比较辛苦，开始

将重心转移到做美容上，并开发了养生用品。养生用品仅需要销售，人工付出较少。

阿冬的理念是：这样的产品可以无限制地销售，利润也比较可观，他期待着营业额扩大 10 倍以上，达到亿元级别。

于是，他开始招募员工，扩大办公室，找工厂生产养生用品，增加了许多库存。

但是两年过去了，养生用品卖得并不好。为什么呢？

答案是：养生不是刚需。养生用品在中国不是必需品。

很多人都在说"大健康行业是未来的朝阳行业"。可是，这并不意味着健康行业的所有产品都是刚需。事实上，在中国，治病才是刚需。你看看医院有多少人就知道了。中国的大健康行业，主要的产值都是医疗领域贡献的。是刚需产品的销售难度大，还是非刚需产品的销售难度大？

答案是：非刚需产品的销售难度巨大，需要有相当好的销售能力，才能把养生用品销售出去。或者，像脑白金一样打广告，在各个视频媒体上狂轰滥炸。

过了三年，阿冬的养生用品确实销售得不好，连成本都保不住，每年还需要靠做美业的钱来补贴。更重要的是，当一个人分心去做两件事情的时候，他的主业很难不受到极大的影响。

后来，阿冬又做了另一个决定：做生活用品，而且要做环保的，不伤皮肤的。

他自诩产品质量比宝洁和联合利华的都要好,而且他认为这个需求量也很大。确实,市面上很多的洗发水、沐浴露、洗面奶及香水都含有一些成分不明的化学物质。但是,假如你卖一瓶沐浴露,比超市的贵3倍,即便是好东西,也只有极少数人会购买。

要销售定价较高的非刚需产品,不仅需要极强的销售能力,还需要聚集起认可其价值且经济实力好的人群,才能达成较好的营业额。

投入了几百万元,一年后,阿冬又多了一批生活用品的库存。还多了一批新招募的员工。

现在他遇到了经营困难,但是员工不是立即就能辞退的,工资还是得照发。

原本好好的美业也受到巨大的影响。

我们来做一个假设:假如阿冬把过去做的美业坚持做下去。

第一,加强产品的开发,做出越来越好的产品;

第二,加强员工的培训,让员工变得更加专业,更加职业化;

第三,加强品牌宣传,让知名度越来越高;

第四,打造个人品牌,通过短视频、直播等,不断扩大影响力。

你认为他的业绩会不会提升呢?你认为"美"与"养生"两者相比,哪个更是刚需呢?相对而言,"美"是大部人更加想要立刻追求和获得的，而"养生"就不那么急迫了。

所以，如果他专注去做，实现3年翻5倍的业绩是非常正常的。他之前的营业额已经达到1000多万元了，这个基数，3年提升5倍是很容易做到的。

阿冬把自己原本的一手好牌，打得稀巴烂，在市场环境不好的情况下连生存都相当艰难。

那么，他的问题出在哪里呢？答案是：不能安定下来，做好自己的事情。

《大学》里有一句话："知止而后有定。"阿冬就是不知"止"。止是什么意思呢？指的是目标、方向、愿景。

第二个案例的学员，过去是做直播的，也教人做直播，这是很有市场的！我让她好好做，把直播这个技能练好，一年能赚不少钱。

做直播是现在各大平台最重要也最赚钱的运营手段之一，但是，绝大多数人都不懂怎么做。

我给这位学员分析了一下目前做直播的几类人：

第一类是小白群体。他们连怎么开通直播都不会，但是又需要有这个技能，这群人中就包括了很多企业的创始人。

第二类是已经开通了直播但直播效果不理想的主播。这部分人急需提升直播技能和演讲技能。我有3位做演讲的学员，她们很多时候就在教别人做直播演讲，这 3 位学员中有 2 位今年的收益可以做到 300 万元以上。

第三类是直播的内容和技巧都很好，但不会成交的主播。这部分人急需学习在直播中提高成交率的技巧，这一点的价值非常大。

第四类是成交不错，但不会设计产品的主播。如果能教会他们如何将产品设计得更好，那么，他们的赚钱能力可以产生质的飞跃，至少能达到 300 万元以上的级别。

后来，她做了一段时间，觉得赚钱太慢了，每个月才赚十来万元，心里有点没底。这时，她看到别人在做另外一个搜索业务，觉得那个赚钱比较快，于是就想转变业务方向了。我跟这位学员说：那个业务不适合你，不在你的能力圈之内。可是她不听，还是悄悄地去做了，估计是想有一天做大了再让我知道，好"一鸣惊人"吧。

我也没有劝这位学员，因为当一个人下定决心要去做一件事情的时候，你是劝不住的，你越劝，她就越觉得非做不可。别说是学员，就算是自己的亲兄弟、亲姐妹，甚至是亲妈，可能都不会听劝的。所以，我的原则是：坚决不劝任何人。

这位学员花了半年的时间，很努力很辛苦地去做，结果连每月 10 万元的收入都没有保住。

更遗憾的是，现在越来越多的人涌进直播这个赛道，她当初的优势也荡然无存。而且，经过大半年的时间，她本来具有很强优势的直播技能,也一点没有提升。

这位学员当初就是不能定下心来,我每次跟她交流的时候,即使隔着千里远都能感受到她着急的心,急于更快地赚钱。她过去一个月只能赚 2 万元,来一九私董会后,仅仅 3 个月的时间,一个月就突破了 10 万元。

当时我跟她讲,如果按照既定的方案走,第一年可以突破 100 万元,哪怕保守一点,只有 80 万元,也很好了。第二年就有可能突破 300 万元。可是,她很着急,看到别人做搜索的业务快速赚到钱,就立刻转换赛道了。

幸好,她现在已经回归,要重新开始了。其实,很多人回归后就是从 0 开始。如果把自己的心修炼到位了,即使从 0 开始,过不了多久也会好起来的。

人非圣贤,岂能不走弯路。

再说说第三个案例,这个案例来自我的两位私董会学员,他们两位都是做青少年教育的。

学员 A 今年做了产品的发售,每一步他都按照我们为他做的计划走,让怎么做就怎么做,同时自己还有创新。4 月份发售,到现在已经突破了 300 万元的业绩,非常神奇。

他的定位是"卓越青少年导师"。当初做定位的时候,我跟他说每个创始人都要有自己的愿景,请他思考他的愿景是什么。他告诉我,是"为祖国培养卓越青少年"。这个愿景，是不是让人激情澎湃呢？

我和他说，想要创业成功，首先要把愿景放在第一位，把赚钱放到第二位。他们团队每天会花半小时冥想，去思考这个愿景，让这个愿景入心，进入潜意识。此生，要"为祖国培养卓越青少年"，时时刻刻，都提醒自己，未来的自己是一个伟大的教育家。

当一个人的愿景定下来以后，他的能量、他的创意就会被激发出来。这也是王阳明的"致良知"的深刻内涵。

孟子也说，我们要"保持赤子之心"。

为什么这些圣人都让人这么做呢？因为他们发现，只有保持赤子之心，发一个好的愿，才会产生积极的动力和愿力，才能帮你快速地成长，给你力量。

学员 B 也是做青少年教育的，他的定位是："世界级青少年教育导师"。他自己的孩子，在高二的时候就考上世界一流的高校。所以，他觉得很多孩子都能成为世界级的青少年，他要为祖国培养世界级的青少年。

最近一次发售，他也突破了 120 万元。他只有一个人，没有团队。这个数据让人非常惊喜，而且他现在收学员的费用是 10 万元/人。有很多的大企业家，都愿意把孩子送来他这里学习。甚至还有国外的企业家，打来越洋电话，要求送孩子过来。

我给他的定位是：做高端客户，做企业家的孩子，要收得少而精。

看完这几个案例故事，你有什么感悟呢？

愿景，对一个人来说，是至关重要的！

当你发一个愿，要为这个世界做点事，整个宇宙都愿意帮助你。你会"知止而后有定"，你的心会非常安定，不被任何事情干扰。不管你的业绩好不好，你都会依然专注于自己的专业。"定而后能静"，在任何情况下，你的心都能保持"静"的状态。

经常有人跟我说，感觉一九老师您非常安静。是的，因为我知道我在做什么。

有了定位是一回事，能不能定得住，是另外一回事。所以，你需要一个愿景，给自己发一个大愿，来为这个世界做点事。

你知道，那些有大愿的人，都具有非一般的力量，甚至有视死如归的勇气。正如当初那些具有远大革命理想的共产党员，为祖国流血牺牲，他们也毫无怨言，这股力量就非常坚定和强大。因为，他们是为了整个民族的命运在拼搏。

你也要给自己发一个大愿，并下定决心坚持下去。你可以跟自己说："我要是做不成这事，我就不吃饭，不睡觉。"甚至对自己说："我就跟这事干上了，死都死在这里。"你就会激发出自己更多的内在力量。

让我们一起发一个大愿，为这个世界做点事。

本节内容带给你什么启示呢？写在下面：

_____

_____

_____

6.1.3　个人品牌的 3 个阶段 9 个层次

我把打造个人品牌分成 3 个阶段，9 个层次。

你也可以对照一下，看看自己处于哪个阶段和层次。不同的阶段和层次，努力的方向也是不一样的。这点需要引起我们的关注。做事业与我们的成长一样，在不同的阶段，要用不同的方法。

第一个阶段：实现闭环阶段。

实现闭环阶段有 3 个层次。

第一个层次，是从 0 到 1，年收入接近百万元。

第二个层次，是突破百万级年收入。

第三个层次，是实现年入 300 万元及以上。至此，企业基本上就度过了第一个阶段，也就实现了个人品牌的运营闭环阶段。

什么叫实现闭环呢？

在之前的内容中，我们讲过，如果你仅仅是成交能力好，但是交付能力不好，那么就没有实现闭环。即便是你的年收入达到 300 万元，也不能算是实现闭环，而有的人，年收入只有 100 万元，就可以实现闭环。甚至还有的人在年收入 20 万～50 万元的时候就实现了闭环。所以，第一个阶段，除了收入的差别外，每个企业实现闭环的程度也有差别，而这点差别是影响事业后续发展的关键所在。

在前不久的一九私董会线下密训中，有的学员说，我的天啊，我实现了年入百万，本来觉得还不错，没想到还处在第一个阶段。

那么第一个阶段，我们到底应该做什么事情？最应该做的就是 6 个字：打基础、练技能。这个阶段，急不来。基本技能不好，想要快，也快不了。而且，第一个阶段，即便你的技能很好，发展速度也不可能太快。

为什么这么说？

有一个学员过去在大型企业工作，技能水平很强。他从企业出来后开始自己创业，觉得自己很厉害，一上来就把自己的产品价格定得很高，结果买单的人很少。他奋斗了半年，连 30 万元都没有赚到，信心大受打击。这是为什么呢？

因为过去在大型企业，他拥有优质的客户资源，企业本身也具有强大的影响力，所以客户愿意付高价买单。而一旦自己出来做，虽然你具备同样的技能，但是你的客户资源大量减少，影响力也远不如在大型企业的时候了。

所以，创业就要从最基础的客户资源做起。先从小开始，从低价开始，累积客户资源。那些顺利通过第一个阶段的人，都是从小开始做起，一步一步地累积的。一般来说，经过一年的时间，客户资源就累积得差不多了。还有些人既没有特别的技能，也没有很好的资源，那就先从最基础的做起，去练习技能，从第一个客户开始累积。

第一个阶段，最重要的就是要给自己充足的信心，累积一批核心客户。那么第一个阶段，需要多长时间呢？如果从 0 开始，到实现到百万元收入，差不多需要 1 年到 2 年的时间。如果是有一定的基础，技能还不错，可能半年就实现了。在我参与的案例中，最快的 24 天就突破了。但是，想要突破第三个层次，实现年入 300 万元，就需要有一定的底子了。正常情况下，需要 2 年左右的时间。

在第一个阶段，很多人容易犯的第一个错误是着急。只要着急就容易不断地调整方向，反复调整几次，势能就下去了。

第二个容易犯的错误是服务不到位，好不容易招募到了客户，结果没有保留住，那就非常可惜了。

第三个容易犯的错误是选择不适合的运营模式。许多创始人可能会会选择合伙人模式，但这个时候你的基础并不稳定，很难为合伙人带来稳定、超值的价值。合伙人模式看起来风光无限，但一旦在初期阶段选择这样运营便有可能失败。所以，如果你处于第一个阶段，就要将打基础放在首位。这是第一个阶段最重要的事情！

第二个阶段，是快速发展阶段。

有的人已经突破了第一个阶段，实现了年入 300 万元。但是他还在使用第一个阶段的做法，劳心劳力，这就是认知没有提升上去。

你已经跑通了第一个闭环，就不能停下来，也不能按照过去小作坊的方式继续前进。你需要做的是构建团队。有的人不会进行团队管理，也不会招人用人，那就只能辛苦自己。

当你实现了闭环以后，就该将这个闭环标准化，让更多人与你一起工作。在我的学员中，有不少已经实现了 300 万元的目标，我就开始为他们规划如何构建小团队。第一步，可以先组建一个三五人的小团队，实现 500 万元到 1000 万元的业绩。

如果想再往上走一步，实现几千万元的业绩，就需要组建 10 人到 20 人的团队。我不建议组建太大的团队，因为小团队虽然人少但是效率反而会更高。

接下来需要做什么呢？就是要去培养团队。

很多事一个人可以干得很好，为什么一组建团队反而容易崩盘？

这是因为创业者不懂得团队管理。你得去培养团队，不仅让他们干活，还得教会他们照顾自己。我在团队中，明确规定"学习、健身、搞事情"这三件事。首先让团队的人学习，然后，每人每周都要健身，保持好身体，最后，才是做事情。而团队管理中最重要的事情，就是"修炼自己"。

所以，第二阶段也有6个字：建团队，修自己。

什么是修自己？一方面要修身，磨炼自己；另一方面，提升自己的认知。认识到市场变化，认识到领导力，认识到标准化。

所以，这跟第一个阶段是完全不一样的。

第三个阶段是成熟稳定阶段。

有的创始人IP可以做到上亿元的规模，有的创始人IP加企业品牌可以做到10亿元的市值，甚至几十亿元的市值。当初罗振宇的得到就估值70亿元，樊登的樊登读书会也估值几十亿元。

第三个阶段的第一个层次，是从1000万元到1亿元，有些互联网大咖已经做到了，尤其是在知识行业、教育培训行业。

第二个层次，是从1亿元到10亿元。这就需要创始人IP加企业品牌一起带动整个企业的发展，这类IP往往出现在实体行业，有实物产品作为后盾。

第三个层次，是10亿元以上的规模。很多企业家做到了，如雷军、乔布斯、马斯克，这一层次需要的是创始人IP加企业品牌再加资本的力量。

看到这里，是不是觉得自己无法企及？

没有关系，如果觉得自己无法企及，可以先看看别人是怎么做的，如罗振宇、华杉、樊登、李笑来等。

这几个人的名字都是超级个人品牌。不过，他们在创业之初也都是从0开始的，并陆续地实现了几亿到几十亿元的规模。所以打造个人品牌有非常大的想象空间。如果你觉得是天文数字，那就先把这个遥远的目标放在心里。在一九私董会，也有那么几个人冲到了这个阶段。例如，做电商的老钟和几个做金融、做实体、做大健康的学员。

这个阶段最应该做什么呢？还是一直往前冲吗？

不是的。这个阶段，就要想着用创始人IP来带动企业品牌的发展，实现规模化，甚至用资本的力量共同完成规模化增长。

你看，罗振宇的IP带动得到迅速提升。华杉的IP带动华与华迅速提升，然后又布局了出版业务，已经上市了，他还布局了投资板块的业务，要投资他们服务过的客户。

做到这个阶段，企业就可以回馈社会了。企业家的一项责任就是为社会创造价值，所以这些超级个人品牌也都在以自己的方式回馈社会。

3个阶段，9个层次，你需要思考自己在哪个层次，应该做些什么事。

如果你还在第一个层次，在从0到1阶段，那很好啊，你已经开始了。如果你已经突破了第一个阶段，那就要注意了，去实现快速发展，建团队，修自己。

每个阶段，都有不同的做法。刚开始，也不要觉得自己的位置低。樊登、罗振宇都是从40岁才开始创业的。

一旦清晰自己在哪个位置，就去做在那个位置最该做的事情就好了。做事业，清楚地知道自己是谁，在哪里，要去哪里，这不仅仅是一个认知问题，更是一个哲学问题。

本节内容带给你什么启示呢？写在下面：

_____

_____

_____

6.1.4　打造高端商业IP的4层内容——道法术器

这一小节我将同大家分享打造商业IP的整体观。

首先，我问大家一个问题：你觉得打造IP，是做抖音、视频号，还是做小红书好呢？

抖音流量大，视频号黏性强，而小红书用户群体精准，你会选择哪个呢？这个问题困扰了很多人，毕竟做错了决定就会影响自己创业的成败。

如果一个人学习武功，需要选择一件武器，在剑、刀、叉、锤、方天画戟等武器中，选择哪个好呢？

答案是，哪个适合就选哪个！

有人选择了刀，成了武林高手；有人选择了双锤，也成了武林高手。

所以，抖音、视频号、小红书，都只是一种工具而已，你认为哪个适合就选择哪个。

还有人选择知乎，有人选择 B 站，有人选择喜马拉雅，有人选择头条号……各个平台都有成功的自媒体达人，他们都能实现很高的收入，这些只是我们打造商业 IP 的工具。工具，适合就好。

不同的阶段，可以选择不同的工具。到了一定的阶段，还可以选择用几个工具同时来做。也就是说，先选择最适合的，在不同的阶段还可以做调整。

就像一个人练剑，练得熟练了以后，还可以使刀，这就是工具，就是"器"。

第二个问题：客户成交，是选择社群发售、直播发售，还是一对一成交好呢？

答案是都可以，看你擅长怎么做。不过，想要成交得好，你就需要专门去练习这些技能，熟练掌握"成交的技术"。

如果你选择社群成交，那么你需要练好的是"文案技术"。如果你选择直播成交，你需要练好的是"演讲技术"。当然，你最好文案技术和演讲技术都练好，没有个一招半式，怎么在江湖上行走？

对打造商业 IP 来说，文案和演讲，是基本技能，我把这两项称为打造 IP 的硬本领之二（总共有五大硬本领）。就像扎马步和内功，是习武之人最需要下功夫修炼的基本功一样。连扎马步的功夫都没练好，你想成为武林高手，那是妄想。

没有扎实的基本功，再好的花架子，都挡不过人家三招两式，可能一掌就被打趴下了。为什么很多人谈起策略来头头是道，结果却做不出成绩呢？就是因为没有在核心技能上好好修炼。

那么，哪些属于核心技能呢？是文案技能、演讲技能、阅读技能？还是学习技能、情绪控制技能、时间管理技能？

创始人一定要多读书。如果你大学毕业后，一年都读不了10本书，那输入的东西实在太少了。我今年做了一件事，就是邀请了一个学员，我每周为她提供一个主题，让她把这个主题的书全读了，然后讲给我听。

我自己读书的速度很快，每年能阅读上百本书。但我觉得这还不够，因此想到这个方式，邀请其他人读书并讲给我听，以此来更快地提升自己的知识输入量，一举两得。

所以每个创始人都要具备几项核心的技能，这就是打造商业IP的"术"，即技术、技能。有人可能会问，这样是不是就可以了呢？

80%的人，做到这一步，已经很好了。

有了第一步的工具，又有了技术，就可以顺利地引流、成交、赚钱。但是这就够了吗？

第三个问题：你要在哪个领域成为顶级的IP？你期望的目标是赚多少钱？你的品牌未来5年会达成什么规模？

如果你对此有更大的目标，你就要有高价值定位。除此之外，还要有策略、有规划，你才知道方向并坚定地往那个方向走，才能"知止而后有定"，安心地干下去，不迷茫，不焦虑。

这就需要做规划，就是"法"。方法的法，做事的方法，说得高一些就是做事的策略与规划。

找到高价值定位与找不到高价值定位之间，至少相差 10 倍的收益。

有规划地做事与没有规划地做事之间，也至少相差 10 倍的收益。

这就是"法"的重大作用。

好了，到了这里，你是不是觉得已经讲完了，登峰造极了？

那么，问题来了，为什么有那么多人，定位也定好了，成交的技能也很强，变现也很猛烈，到最后还是没有做好呢？没过一两年，品牌业绩就断崖式下滑，甚至身败名裂了呢？

2021 年就出现了很多这样的案例，一些顶流的 IP 明星群体陨落，身败名裂。

这就像一个大侠，武功高强，却不用在"正道"上。当然，大多数人，也并没有去干很大的坏事，只是一心盯住赚钱，90% 的时间都在做客户成交，却忘记了客户服务，还口口声声称赞自己的策略，说自己能做到轻交付，"只管卖"。甚至还有一些人，随便去整理一些资料包，就拼凑出一个课程来，天天卖。

这样拼凑出来的课程，内容漏洞百出，学员不仅学不到东西，还被误导走了弯路。

第四个问题：怎样才能走在正道上，让自己的事业越来越好？答案就是要做符合规律的事情。

我最近在看《孟子》。齐宣王问孟子，如何才能抵抗外敌，战胜别的国家，然后成就霸业呢？

这个问题，如果去问那些谋略家，他们一定会围绕"战胜别的国家"而想出各种计谋。

但是孟子说，王为何要战胜别的国家呢？你只需要实施仁政，好好地对待大臣，大臣好好地对待百姓就好了，这样，百姓都能安居乐业，别的国家的百姓看到了，他们也会来的。孟子还举例说，周太公就是这么做的，所以周建立了伟大的王国。这就是"近悦远来"。

不是去征伐别人，而是好好地服务百姓。不是独乐乐，而是要众乐乐，让老百姓和当权者一起欢乐。只要齐宣王能这么做，别的国家，就不敢来攻打齐国。

因为老百姓会跟王一起誓死守卫疆土。别的国家也会掂量掂量，攻打齐国的代价太大了，他们就会去攻打别的国家。这就是在道上。

创始人在打造个人 IP 的时候，对于这一点会深有感悟的。

前几天，我有个学员跟我说，她最近感觉特别好，因为我让她修心，读《大学》《论语》，好好地辅导她的学员，然后她就不焦虑了，学员也越来越多了。

过去她是用抓取的方法做事的，而现在就很平静。所以，她特意给我打了个电话说这个事情。这就是在道上。

什么是道？按照道家的学说，就是规律。按照王阳明的理论，就是致良知，良知会告诉你，如何做事情才是正确的。

致良知，就能感受到高维智慧，吸收到高维能量。

这样做事业，就会越来越顺利，就会近悦远来。好好地服务客户，就是致良知，只关注成交客户，忘记了服务客户，就是不在道上。

所以，打造一个高端商业 IP，需要具备这四点：道、法、术、器。

道、法、术、器，没有哪个更重要，而是都要具备，不要小看"器"，也不要小看"道"。

融会贯通，才能通透地理解，才能越做越好。

本节内容带给你什么启示呢？写在下面：

_____

_____

_____

6.1.5 战略认知的高度和传播认知的跨度

认知的层次决定了我们收益的层次，认知的层次也决定了人生的生活状态。

这一节我将和大家继续分享关于认知的话题。认知越深刻，做事也就越深刻；认知浅薄，即便撞在了风口上，也只能赚一时的钱，甚至，遇到生命中的贵人也会白白地错过。

我从很多年前，就开始研究战略，在帮大型企业做规划的时候，常常用到战略这个词。这 4 年的时间，因为做个人品牌，战略这个词就用得少了。

战略思维就是要拨开迷雾看本质，在做战略规划的时候，往往需要对事物有深刻的认知，尤其是要能用辩证的眼光，从多个角度去看待事物。

比如，我们应该怎样看待"学术"呢？学，是很多专家在研究的事，他们从中提炼出一大堆的理论，但是距离实践可能还太远。所以很多企业家在向专家请教时，都不会全盘采用这些理论。即使是采用，也经过了一定程度的修正和改良。

术，就是各种技巧。在商业中用得较多的就是打点人脉关系，以及各种引流成交的技巧等，这都是术。

学和术，都很重要！没有人研究学，就无法形成理论；没有对术的应用，就无法在商业社会中赚到钱。如果一个人具备学术，再加上战略思维，那就是厉害的企业家。因为他既能理解专业，又能用好技巧，还有长远的规划思路。一个成功的企业家往往需要对经济形势、企业发展规律、人性等，都理解得非常深刻。

那么战略的认知，最初是从哪里来的呢？是从哲学中来的。哲学是战略的底层学问，同时，也是科学的底层学问。在哲学中，就讲求认知论、方法论和实践论。

对一个事物，首先有很好的认识，再总结一套方法去实践，然后从实践中继续加强对事物的认知，是一个循环的过程。

这听起来可能比较枯燥。我给大家分享两个例子。

我有一个学员，是做儿童教育的。以前她是教育机构的高管，一年能做几千万元的业绩。现在，她的一些学生的家长，也是教育机构的创始人，在得知她的职业背景后，想请她为自己的教育机构也做做咨询，帮忙看看怎样才能提升业绩。这对她来说，是一件马上就能赚到钱的事情。

她在做儿童教育的过程中，获得了客户的青睐，客户邀请她进行企业咨询。这种情况下，她无须对外寻找客户，就能获得大笔额外收入。而且，她一旦开始咨询业务，就会有更多的教育机构来找她。

除了教育机构，还有别的企业想要找她做咨询并支付一定的费用。那么，做不做呢？假如是你，你会怎么选择？这就是战略抉择了。

原本做儿童教育的人，主要的技能在哪里呢？做儿童教育需要学习和开发的方面有很多，要研究儿童的成长、发展、性格、特点，挖掘他们的潜力……需要长期、大量的研究，才能提供更深度的服务。在具备这些专业积累的情况下，教育机构能收 20 万元/人的教育费用。20 万！你没看错。现在她的收费已经接近 10 万元了，可是还有家长愿意出更多的费用聘请她为企业做咨询。她很犹豫，来寻求我的帮助，让我帮她做战略抉择。

我问她："假如你要开始做企业咨询，你需要具备什么呢？"

除了自己做过的教育机构的经验，她研究过各种各样的机构吗？对各种机构在不同的发展阶段，如何营销、做品牌、做流量、做交付……都有研究吗？

显然是没有的。我继续帮她分析，在这种情况下，她就需要花时间去研究，假设每天花 2 个小时，就意味着做儿童教育的时间少了 2 个小时。她每天减少 2 小时，别的儿童教育机构，就比她多了 2 小时。未来在整个儿童教育行业中，谁的竞争力更大呢？很显然，她的竞争力会随着时间的推移，缓慢地下滑，甚至快速地下滑。

我们再来看看做企业咨询这件事。每天花 2 个小时，能不能成为卓越的企业咨询师呢？别的企业咨询师，已经在市场上摸爬滚打了十多年，每天都投入了全部的时间、全部的精力。她作为新手入场，且每天仅花费 2 个小时，有什么竞争力呢？你可能说现在有人咨询她，但这并不代表教育咨询就能赚钱。因为这并不是广阔的市场，而是一个偶然的机会。

我和她分享了什么叫"知止而后有定"，这是《大学》里的一句非常重要的话。止，就是目标、边界，就是要知道自己的边界，把心定下来，跨过自己边界之外的事情，就不做。

《大学》还说："于止，知其所止，可以人而不如鸟乎？"这就是说对于知道自己的边界这件事情，难道人还不如鸟吗？鸟是很知止的，绝不会跨过自己的边界去飞行。鸟很清楚它的飞行范围，它不会往太平洋里面飞，因为飞过去可能就飞不回来了，所以它非常知止。

这就是为什么我会带一九读书会的人去抄写《大学》，我希望他们理解其中的深意。这么分析以后，就很明显了，答案就是不要去做。

儿童教育属于教育这个赛道，而企业咨询就是另外一类事，属于咨询这个赛道了。

这是两个完全不同的行业啊！做教育机构的边界，就是好好地做教育，把这个领域做深做透。

我们再举一个例子：假如你是一个汽车驾驶员教练，你教得很好。有一天，一个学员跟你说，你的驾驶技术太好了，对车的理解很深。他出钱，你们一起开一家汽车企业，生产汽车。你要不要做？

要知道驾驶汽车和生产汽车，是两个不同的行业啊！除非有一种情况，就是你所从事的行业，已经是夕阳产业了，你需要转行去做另外一个行业。不得不放弃原有的事情，去做别的事情，这就另当别论了。

一般的中小企业，我都建议聚焦在一个点。大型的企业资金和人才十分充足，才可以去多做些项目。所以，我们对战略方向的认知和理解，要深刻,要"知止而后有定"。

而关于传播的认知理解也同样要深刻。前段时间,我举办了第四次一九私董会的线下密训会。这一次我们升级了全新的体系。我非常愿意和大家分享一九私董会线下密训会从 1.0 到 4.0 版本的升级思路。

密训会 1.0 时的主题是"诚意、格物",因为要有诚意,必须格物。格物,就是我们要亲历其事,亲操其物,在实践中才能理解什么叫诚意正心。

那么 2.0,要用什么主题呢?是不是需要更改主题呢?不是的,是要延续。2.0 版密训会叫"诚意正心,就会少走弯路",延续了 1.0 的内涵,诚意是在实践中感知的,那么如果没有诚意正心会怎么样呢,就会走弯路。

在 3.0 的时候,我们依然用了"诚意正心,就会少走弯路"这个主题。为什么过去快 1 年了,我们还用这个呢?因为我觉得很多人对这句话还是没有理解透彻,我又继续讲了大半年。

而今年,已经到 4.0 了,要不要换成别的呢?比如,道术合一、合作共赢、抓住风口……依然不要。4.0 版本的主题是"诚意正心,就会近悦远来",我依然在传播诚意正心这个核心的价值观,因为诚意正心是儒家哲学的核心。

《中庸》里把"诚"的 3 个层次讲得更加深刻。深度理解"诚"字,不管对生活还是对事业,都有巨大的帮助。所以,我花了 3 年时间,依然还在传播这个小理念。

但是，你也会发现有很多企业，每年都在更换主题，甚至每一次的主题都有调整。他们觉得自身需要创新，需要搞出新花样才显得有事可做。可是这种企业奋斗了好几年，到头来，他们的客户没有记住这个企业的任何理念。客户只会觉得，那家企业做了好多次创新，但并不记得具体的内容，只记得花里胡哨、锣鼓喧天了。这就是很多人对传播的认知。其实，传播，就是要聚焦一个理念去发力才有效果。

创始人要舍得花费时间，用 3 年的时间打基础，是很正常的。我常常和一九私董会的学员说，任何事业的前 3 年就是打基础。打好了基础，事业才会腾飞。而且只要踏踏实实地做，第一年开始就可以赚不少钱，有啥等不了的？

这是对传播的认知。

你的认知有多深刻，就有多舍得集中精神力去传播自己的核心理念，这样你花费的精力、时间，才有累积的价值。

在这一次的 4.0 版密训会中，我们对核心理念的传播，还延展了各种形式，比以往都要丰富。同时，我们在开场的前 1 个小时，也就是正式开课之前，还做了一场视频号直播，让一九私董会以外的人也能看到现场，这样可以让更多人理解诚意正心的理念。

希望本节内容对大家有帮助，希望大家能够在战略上好好把握，在传播上狠狠用功。

本节内容带给你什么启示呢？写在下面：

_____

_____

_____

6.1.6 定位要定心，定心就要养心

定位要定心，定心就要养心，养自己的志气。

我的课程《高价值定位》让很多人知道了找到自己的高价值定位是非常重要的。

如果一个人想要做成一件事，或想要去创业，却迟迟没开始，要么是他还没有找到方向，要么就是他不知道现在的方向是对的还是错的，总是担心会出错。

我有一个私教学员，他前段时间跟我说，因为没找到定位，所以一直不敢开始，就一直等，打算等找我确认了以后再开始做。

还有一个在商会工作的私教学员，她自己会很多知识，也学习了各种各样的课程，最后却不知道自己应该做什么了。

她来找我做咨询的时候说，可以先从三件事情开始。

我说，就只做一件事情。

她认为，不知道该选择哪件事的时候，先选择三件事去尝试比较保险。

其实，同时做许多件事，这是一个大的误区。人能做好一件事，已经相当了不起了，做多件事，大概率到最后什么都做不好。在咨询的最后，我测试了她的天赋和能力圈，最终帮她选择了一件事。现在，她尽心地去完成一件事就够忙的了。

古人说，三十而立。立，不是成就事业，而是立志，就是要确立自己的志向。换句话说，就是找到自己的定位，找到发展的方向。

王阳明年轻的时候，有人问他："你觉得人生最重要的是什么？"他答道："人生最重要的就是立志。"

后来，又有人问他："立志立下来之后，不就好了吗？又不是要天天立。"他回答道："立志，其实是一个过程。你定下了自己的志向之后，还要不断地强化自己的志向，要天天去想你的志向，你才能立得住，立得稳，否则，一不小心，志向就会变来变去。"

那么，到底王阳明的志向是什么呢？是做一个圣人，他对标的对象就是孔子。立下志向之后，他就开始学习圣人的方方面面，后来果然达成了自己的志向。

他没有想着去做多大的官，也没有想着去赚多少钱，但他远大的志向，让他无论走到哪里，也不缺钱，与此同时还有人愿意跟随他。他不仅会组织军队打胜仗，还能带弟子传道授业解惑。非常经典的《王阳明传习录》，就是他和弟子的对话。

我为什么和大家分享这个呢？

就是我们要把定位这件事情再进一步，再往前想一想你的愿景和使命。比如说我自己，王一九，我的定位是高端个人品牌导师。在确立这个定位之后，我还会常常思考，做这个事情有意义吗？

有意义，太有意义了！

因为有很多人非常迷茫焦虑，甚至迷茫焦虑到好多年都不知道自己应该干什么，有的人甚至荒废了大半个人生。还有的人拥有一身的才华，却被绑定在一家无法发挥出自己才华的企业，更有甚者，空有一身才华，不知道如何展示、如何变现。而恰好，我能帮他们解决这个问题。

我见过很多创业者，能很快知道他们的方向对还是不对。和企业的高管一聊天，我就知道他的才华有没有得到充分发挥，知道如何能帮到他。最开始我在做线上课程时，已经找到了个人品牌导师这个定位，但是，第一年其实没有这么深的感悟。那时候，只是想卖课程，想赚钱。所以，我就天天围绕着如何赚到更多的钱来工作，整天思考如何引流、裂变。过了一年的时间，我接触的人多了，突然发现，我的天啊，怎么有这么多迷茫、焦虑的人！

有时候，我看到一身才华又很迷茫的人，只觉得很心疼。慢慢地我就开始转变了心境，真心想拉他们一把。但事实上，并不是所有人都能够理解并愿意接受别人的善意。有的人，你拉他前进，他拉你往后退。

这个时候，你就更加心痛，慢慢地理解了那句话，"持志如心痛"。

所以，当你定好位后，你要不断地去思考，做这个件事情，究竟能帮到谁。你对自己所做的事情，有没有使命感？如果没有，你要有意识地逐渐让自己变得有使命感。

比如，你是做健康行业的，当你看到中国有这么多亚健康的人时，你会不会感觉很心痛，希望让更多的人健康起来？

比如，你是做教育的，当你看到这么多人不会学习，瞎学乱学，总不得法时，你会不会感到很心痛，想帮助那些人，让他们能够学好？

再比如，你是做健身的，当你发现很多女人年纪轻轻的就肥胖，身材走样，还去乱用各种药物甚至手术减肥，你会不会非常心痛，下定决心，要让她们获得健康和好身材？

如果你天天围绕着这个志向去思考，你就不会那么焦虑，赚钱也是自然而然的事。如果你每天都想着，今天要成交多少客户，你把80%的精力，都用在挖空心思、用尽技巧去成交客户上，那就是没立志，即便定位了，也没入心。

但大家千万不要误会，我不是让大家不去成交客户，而是在我们心里要一直想着，我们成交客户，是为了让他们的生活变得更美好。

以我为例，有人想报名跟我学习，我发现他做个人品牌的时机还没到，我就会跟他说："再等等，你可以先阅读我的书籍，包括《从0到1打造个人品牌》《人人都能打造个人品牌》等。一本才几十块钱，你先找找感觉，半年之后再说。"一个人的心境变化了，他周围的能量场也会发生变化的。

前段时间，"老钟驾到"的钟婉告诉了我她决定入会的原因。之前她参加了我的线上课堂，下课时，有一位孙同学咨询了我一个问题，这时老钟也提出想要了解加入一九私董会的流程这个问题。

但是我一直在耐心地回答孙同学的问题。所以老钟说："我发现你并没有着急去成交我这个潜在客户，我的企业一年也有上亿元的销售额，而你却在认真回答一个并没有付费的观众的问题，我很感动，所以我决定要入会。"

她加入一九私董会快一年了，前不久过来咨询的时候才跟我分享了这件事。

为什么那天我选择回答孙同学的问题呢？因为我觉得她非常需要被点醒。虽然她没有付费，但可能和我聊一下就能帮到她，我非常愿意先做这件事情。

和大家分享这个小故事并不是说我自己有多么好，只是想把这个感受分享给大家。你也可以尝试这样去做，你的能量场可能会发生变化，至于别人会不会因此想到你的好，不用去管，你做好你的部分就是了。

我经常和学员分享的还有一句话。

"但行好事，就是前程。"

"但行好事，就是前程。"

"但行好事，就是前程。"

重要的话说三遍！

所以，本节和大家分享的第一点就是，定位，就要定心，要慢慢地养你的心，养你的志气。养志气，有愿景，并不是说要做一个烂好人，我们在养志气的同时，做人也要有原则。

有的时候，我也会把学员骂得狗血淋头。有一次，一个学员来我这里咨询，被我批评了。然后，他居然发了个朋友圈，说自己：今天被一九老师骂得狗血淋头，感觉很爽，下次还来！

我想和大家分享的第二点，是关于能力圈的问题。找定位，不是看到哪个事情能赚钱你就冲上去，而是知道自己有什么能力，哪些能力还可以再学习，尤其是要知道自己的天赋在哪里，知道自己适合做什么。

有一个学员和我说想做企业战略咨询，他觉得自己非常想要帮助一些企业老板制订战略。

我跟他聊了几分钟，发现他不具备这个能力，他的天赋不在这一块。他的天赋在语言上，而不是在逻辑思考上，这意味着适合他去做的事情是演讲、销售、招商等，而不是做战略管理。如果想要做的事情和自己的天赋不匹配，你就无法把自己最大的价值发挥到极致。

那么，如何知道自己的天赋呢？我教大家一个方法，叫做"三个成就事件法"。你可以用笔写下曾经让你很有成就感的三件事情，然后分析一下，每件事情，你都是用了什么能力。

比如，你曾经做了一场 100 人的活动，你感觉特别有成就感。那么，举办一场 100 人的活动，你用到了哪些能力呢？

（1）组织协调能力；

（2）语言沟通能力；

（3）执行力；

（4）流程管理能力。

接着，再写下另外两个成就事件，并列举出应用的能力，再找出这三个事件中能力重叠的部分，那就是你最擅长的能力。把自己的能力圈，用 5～10 个词总结出来，然后再进一步分析，你就知道自己的能力圈是什么了。很多人没有做这一步就胡乱定位；有的人则把定位完全定在了自己能力圈范围外。一旦定位错了，你费再大的力量，都不可能获得好的收益。

本节我和大家分享了两个要点：

1. 定位要定心，定心就要养心，养自己的志气。

2. 三个成就事件法，找到自己的能力圈。

如果你想知道更多关于定位的具体方法，我的视频号"王一九说"

中也有详细的讲解。

本节内容带给你什么启示呢？写在下面：

_____

_____

_____

6.1.7 创业的"搞大事"策略：一年3件大事

在新的一年，大家总会有新的梦想。那么，我们在新的一年，该如何有策略地规划一年的创业路径呢？

你可能会发现，很多创业者一年做了很多事情，但是到了年末的时候，却没有一件拿得出手的事情。

事实上，如果一个创业者一年所做的事情，他的客户都不记得，那么他的影响力是非常有限的。他可能每天都很忙，加班加点，周末也不休息，放假还在干活，可是收获却很少。所以，创业需要有策略地去做一些事，集中精力去做好大事。

这个思路相信你一定听说过。比如，集中精力攻打一点，在《孙子兵法》中，就讲到集中兵力攻打一座城，而不是把全部的兵力分散去攻打所有的城。

知道了这个思路，我们创业应该怎么做呢？

创业也是一样的道理，就是集中兵力去攻克一件事情，而不是一年做很多普通平常的事情。比如，一九团队正在筹备做一次"万人开年演讲"活动。

为了这一次万人开年演讲，我的团队需要提前一个多月就开始构思和准备；提前两周就去租赁场地，准备搭建 LED 屏幕；找直播团队，准备直播的工具，还计划提前组建几十个群。为了这件大事，我们投入了很多精力。为什么要做这件事情呢？这也不是一九私董会的发售，干吗要做这么大动作呢？

因为我要通过一件事情提升影响力。这一件事情可能抵得上连续直播 30 天，而且我的影响力也许能扩大一圈。活动还没有正式开始呢，就有好几个互联网千万级的大咖想要跟我沟通合作的事情。营销协会的人，还有一家投资企业的人，都跟我发消息，想和我沟通。

其中有一个人，几年前就在我的朋友圈了，但是一直联系很少，这次他主动找我，想要提前跟我聊这件事情。

"万人开年演讲"活动做完了之后，会出现什么情况？我不知道，但是影响力一定会扩大一圈，在 2023 年年终复盘的时候，这就是一件大事，是一件拿得出手的大事。

做一件大事，就是《孙子兵法》中讲的集中兵力。

如果你只有一个人，怎么办呢？那也要集中兵力。

你最能用的兵力，就是你的时间。你的时间，就是你的兵力啊！

所以，不要觉得集中兵力，就一定要有很大的团队。时间，就是你整个人生中最重要的兵力。

如何分配你的时间，就是如何调兵遣将。

好了，看到这里，很多人可能已经在想，要去搞一件大事了。

那么，我们继续把这个思想深化一下。作为创业者，我给到的策略是：每年做 3 件大事。这 3 件大事，是用来提升你的势能的，让你的影响力每一次扩展都能扩大一圈。

哪怕你最初只有 100 个粉丝，你做一次大事，就能扩展到 1000 个粉丝，一年从 100 个扩展到 1 万个，两年从 1 万个扩展到 10 万个。这个速度，一点都不慢。而且，这些粉丝不是靠蹭热点吸引来的，你自己就是热点，来的粉丝黏性会超高，比你在抖音通过蹭热点的短视频吸引来的粉丝质量高 100 倍。

所以，创业中最重要的策略之一就是：

一年搞 3 件大事！

你能做哪些大事呢？你可能会说，我刚刚开始创业，力量很有限，哪有什么大事情呢？

其实很简单。比如，做一场 12 小时的直播，就是一件大事。

可能你做一场 12 小时的直播，只有那么几千人观看，在整个视频号生态中算不上什么大事。但是，这一件事情对你周边的人来说就是一件大事。

我有很多一九私董会的学员，做完了 12 小时直播之后，他们身边的资源就被激活了。过去很多年不联系的老同学、老乡、老同事等纷纷开始联系他们了。

我的一个私教学员，把 12 小时直播放在了生日当天，狗粮撒满了半个互联网，影响力能不大吗？

所谓的大事情并不是要你跟互联网大咖相比，而是在你的能力范围内搞一件大事就可以了。当你还是一个学生时，你在台上发表一场演讲，观众只有全班的几十个同学。但是，对你来说就是一件大事啊。实在不行，你就做 12 小时直播，也撒"狗粮"！

除了 12 小时直播，你还可以做什么事情，这件事对你的整个人生而言，算是一件大事呢？

有一件事情，不仅是对打造个人品牌而言非常重要的大事情，对你的整个人生来说，都是大事情：就是写一本书！

你想一想，你身边的人，有几个出过书？

我记得在几年前，我还去参加别人的新书发布会，看到作者在现场，我就找他去签名。但是现在，我自己已经出版了 3 本书了。很多朋友介绍我的时候，说我已经出了 3 本书，所有的人都觉得这是件很厉害的事情。

吃饭的时候，大家会让我分享，怎么才能出书。出一本书，对很多人来说，可以回忆大半生了。而你周边的人，也会对你刮目相看。这就是一个大事件！

有人说，出书很难！其实，如果你掌握了方法，一点都不难！一本书，12万字，假如你每天坚持写一点，半年就能写完。你算算，半年写12万字，每天才700字。假如你写作，每天可以写多少字？很多人都能写得比700字多！

所以，你看看，即使要完成一件出书这么大的事情，分配到每一天，也会变得很简单。

这就是创业要集中兵力搞大事的策略。

一年3件大事，你的影响力会快速扩大，你就慢慢地"出圈"了。

很多人在打造个人品牌时，如果缺乏一些策略性的思考，就会做得很辛苦。我做一次大事后，就会休息一段时间。比如，我会选择闭关5天，关闭手机修习《大学》。

2023年春季，我去了西藏半个月，就是纯粹地休息，啥都不干。下半年还去了欧洲半个月，参加李欣频老师的艺术之旅。

所以，你要把自己的兵力用好，该集中兵力搞大事的时候，就全力以赴。该休息的时候，就全然放松。而日常的工作，我们只需要踏踏实实日日精进地去做就好。

本节内容带给你什么启示呢？写在下面：

_____

_____

_____

6.2 战术思维：找到你的创业破局点

许多创业者在踏入创业的洪流中时，他们的事业虽然在时代的浪潮下能够小有发展，但是想要更进一步，就需要创业者本身具备战术思维，找到自身的创业破局点。

6.2.1 创业提升 10 倍效率的一个思维——借

"借"这个思维能让你的创业提升 10 倍效率，本节我将和大家分享 5 个"借"的方法。

很多人在做事业的时候，往往都会面临资源不足的情况，有的还会面临资金不够、人员不够，甚至自己的知识技能不够的情况。在创业的过程中，你遇到过资源、钱、人或知识缺乏的情况吗？

最近，我发现很多学员都面临这些情况。其实，不仅仅是小型创业者和中型创业者，几乎所有的创业者都面临着资源不够的情况，因为没有人是全才，也没有人是什么都具备的。

但你会发现，在那些没有特长，甚至技能基础也很差的人当中，也有很多创业成功的，那他们的资源、钱、人和知识是从哪里来的呢？

我们都知道，任正非在创业的时候，家里非常贫穷，没什么钱，跟随他的人也很少。马化腾在创业时，也是如此，既缺人又缺流量。

但在历史上，有一个创业者，他一无所有，却非常敢"借"，所有的资源全都是借来的，这个人就是刘备。除了关羽和张飞是靠结拜而来的兄弟，其他都是借来的……

赵云是"借"来的，诸葛亮是请来的，还有我们常说的"草船借箭"，连赤壁之战的箭，也是借来的。

作为创业者，在初期有哪些东西是可以借的呢？

第一，钱是可以借的。

你不要以为，手上资金充足的创业者，钱都是自己的。其实，他们很可能是向银行借的，要不就是到资本市场融资得来的。

创业者在初期，如果需要资金，其实最好的方法就是去融资。我在刚创业时也用过这个方法，非常管用。去融资时，首先写一份商业计划书，告诉投资人你想做什么事情，需要多少钱，你给他的回报是什么。

如果你借的钱不多，几百万元以内，根本不用去找专门的投资企业，可以向身边的人借。借的时候，一定要记住，不是写欠条，而是拿你的股权去向他融资。

第二，流量是可以借的。

创业初期，很多人都觉得自己的流量不够，其实你可以通过在直播时和别人连麦来借力。我有时候就会和一九私董会的学员连麦，帮他们带去更多的粉丝，其实就是让他们从我这里借流量。

我上次做直播时和学员连麦，不少学员都导流了好几百个粉丝。其中有一个学员，只连麦了 2 分钟，就增粉了 600 多人。粉丝导流后，几乎都产生了直接变现，有的学员甚至赚了好几倍的学费回去。

所以，跟一些粉丝量远多于你的人连麦，是增加流量的好方法，而且这些粉丝的信任度非常高，而跟同等级别的人连麦，相互导粉丝，就是相互借流量。

另外，还有一种方法，就是向平台借流量。比如，目前视频号是有流量奖励机制的。去年，我的开年演讲结束后，微信官方就给予了我流量支持。当然，这有一定的门槛：一周成交额达到 10 万元，平台就奖励 1 万流量；成交额达到 50 万元，就奖励 5 万流量；达到 100 万元，就奖励 10 万流量。

如果只靠自己的力量，一场直播能超过 10 万场观的寥寥无几。大家一定要抓住平台推荐的好机会。

关于平台推流，只要你预计一周的成交额能达到 10 万元，就可以去对接官方。

第三，知识是可以借的。

向有结果的人学习！这点非常重要，因为不需要去摸索，你就可以直接运用别人总结出来的方法。摸索是一个漫长的过程，非常浪费时间。更重要的是，你容易走弯路，从而消耗成本。还有，如果你一次又一次地失败，也是一种心力的消耗。如果有人直接告诉你该如何去做，就是一件最省时、最有效率的事情。

具体怎么学呢？

1. 看书

你会发现，这个方法成本非常低，一本书才几十块钱，我每年大概会看100本书。

最近几年看的书相对少了，但阅读经典著作的次数很多。看书时应该选自己喜欢的，对于经典的书籍，就要多读，而且要深入地读。

2. 学习课程

学习课程这个方法，比看书更加直观，而且吸收效果也更好。

3. 找老师

这是最快的学习方式。学习课程，需要先有一个吸收知识的过程，再到转化应用。不仅如此，在应用的过程中也可能会出现误差，你必须要根据自己的情况来做，不能生搬硬套。而一个好的老师，就可以直接根据你的实际情况来指导你怎么去做，减小误差，提高效率。

不管怎样，还是建议大家要多学习，书要读，课也要学，同时老师也要找。我自己也是坚持看书，学习，找老师。每到逢年过节，在书友群或者学习群，大家都发发红包，相互鼓励，这种感觉非常好。

第四，人才是可以借的。

如果你刚刚开始创业，你可以招募一个兼职的助理。如果你的年收入超过 100 万元，你可以开始筹备一个小团队，一两个人就够了。但如果你想做得更好，年收入超过 1000 万元，你就必须找更高水平的人跟你一起合作。总的来说，就是在人才上，你要舍得花钱。

目前，我正在教一九私董会的学员怎样去管理团队，教我们轻创圈的伙伴如何轻创业。

什么是轻创业？就是用"少投资"和"小团队"来达到创业的目标。这和传统企业的做法是完全不同的。但是，这样的方式会充分发挥团队的效能，让团队的整体收入高于传统的企业。

第五，势能是可以借的。

如果你觉得自己的势能还不够高，就可以通过借势来提高。我做 12 小时直播和开年演讲的时候，就有不少人来借势。他们会发朋友圈说，我在王一九老师的社群，学习了什么方法，获得了哪些收获……这些都是在借势。

有的人特别会借势，以此来提高自己的势能，我给他点个赞，他就发朋友圈；他跟我打个电话咨询，也发条朋友圈，说自己今天从王一九老师那里学到一个"个人品牌自动成交的绝技"，他也会教给他的学员……

在商业上也常常用到借势这种做法。我原来在给企业做品牌咨询时，就经常用到，比如中国移动请过张靓颖、许巍、孙楠、SHE、周杰伦等明星为旗下的动感地带品牌做宣传活动，这就是借助明星的影响力，在宣传自己的品牌。

希望大家学会"借"的思维后，事业飞速前进！

本节内容带给你什么启示呢？写在下面：

_____

_____

_____

6.2.2 如何设计多提升 10 倍流量的品牌符号

企业品牌商标（Logo）是否源于一个文化母体，这一点对每一个创始人来说都很重要。文化母体是华杉在《超级符号原理》中提出的一个概念，其实就是一种人类无意识的集体行为习惯，比如春节，就是一个文化母体。而借文化母体助力品牌，传播品牌符号，能起到事半功倍的作用。

企业的品牌 Logo 是传播的一大重要手段。如果没有一个好的品牌 Logo，传播就需要多花很多钱；而有一个好的品牌 Logo，往往就会容易被很多人记住。

但是，有 95%的企业，没有深刻理解品牌 Logo 的意义和它能发挥的作用！

我习惯于在大街上和商场里观察各种企业的品牌 Logo。说实在的，合格的非常少，包括很多大品牌也是如此。

我们先来看一个品牌 Logo，如图 6-1 所示。

这个品牌 Logo，代表的是什么呢？

这个大 M，你是不是一眼就认出来了？甚至连 3 岁的孩子都知道，如果他们饿了，就去这里。这个标志早已被全世界都记住了。

图 6-1　麦当劳的 Logo

肯德基也是一样，而且它的品牌符号是一个组合：KFC 和白胡子老爷爷，几乎所有的小孩子都认识这个老爷爷。

反而麦当劳大叔这个形象，因为推广得少了，人们已经渐渐将其淡忘。

再来看一个这两年特别火的 Logo，如图 6-2 所示。

图 6-2 蜜雪冰城 Logo

蜜雪冰城的这个雪王，是不是很容易被记住？它是一个戴着皇冠的雪人，整个 Logo 是一个组合体，包括雪人、权杖、皇冠和冰激凌，每一个都能是大家熟知并容易记住的东西。

这就是有文化母体承载的 Logo。

雪人的形象，是全世界所有种族、所有年龄段的人都有认识的，这就是文化底蕴；麦当劳所用的 M，已经有近千年了，也是一种文化符号，很容易被记住。

但是，很多企业的品牌 Logo 是没有文化母体的，是被设计师生生创造出来的一个东西，那么就很难被识别和记忆。

再比如，苹果的品牌 Logo 也是有文化母体的，因为苹果本身就存在于绝大部分人的认知中，所以很容易被记住。

像这样有文化母体的品牌 Logo，在传播上就有天然的优势。这个优势有多大呢？100 个人看了，有 80 个人会记住，而那些没有文化母体的品牌 Logo，被记住的机会不到 1%，传播就更难了。

假如一个企业要投 1000 万元的广告，有文化母体的品牌 Logo 就比没有文化母体的效果好 80 倍。没有文化母体的品牌，可能需要投几十亿元才能达到同样的效果。

如果是一个店面呢？假设附近有一个 20000 人的小区，每天人流量有 5000 人。有文化母体的店，被记住的概率就大几十倍，这足以决定一个店的生死。

这就是传播符号能够给企业带来的巨大价值。

可惜的是，太多企业根本就没有理解这一点。有时候，我去商场逛一圈，就很感叹，这么多企业，很多都没有把品牌 Logo 做好，却拼命去做推广，买流量，拍抖音短视频……

反正，核心的东西不下功夫，老是在外围下功夫。

要在核心的地方下功夫！

我们再来理解一下，文化母体，就是这个世界已经存在的文化。文化符号、物体、文字，都可以，这个文化，已经被传了数千年，已经深入大众潜意识里了。而潜意识对人们的影响是非常深刻的，瞄一眼就过目不忘。

甚至，你会不由自主地跟随潜意识做决定！

那么，都有哪些符号是可以用的呢？最简单的，就是有动物、植物元素的Logo，这两种是非常容易被记住的。

比如鳄鱼，就非常容易被记住。

比如企鹅，不仅容易被记住，还容易创造出各种延展的版本，变化成女版、冲浪版，等等。

变化的形式可以多种多样，比如还可以做出品牌吉祥物，在大街上邀请人们合影，帮你做宣传，这么一来，就节约了大量的广告费，这不就是流量吗？

你看，连我这种不太喝奶茶的人都想要牵着雪王合影并分享，这不就是做了宣传吗？被一个人转发一次朋友圈，就会带去几十人甚至几千人的围观，提升知名度。

按照现在常规的流量成本，奶茶类的成本大约是90元一个人，哪怕一次分享仅仅有30人转发，那也节省了2700元的流量费。

蜜雪冰城自从换了Logo后，知名度大幅度提升！从2019年到2021

年，蜜雪冰城多开了1万多家店，截至目前全国已经有2万多家店了，一跃成为知名奶茶品牌。同时，他们也在往海外扩展，现在分店已经开到国外好几个国家了。而他们的店面，无论在哪个国家，都能被一眼认出来。

所以，各位企业的创始人们，你们设计品牌Logo时，一定要深度理解它的本质：品牌Logo是用来吸引流量的。那么，这个Logo就要和消费者心目中已经有的文化母体对接得上。

简单来说，你画出来的符号，是不是别人认识的？如果你画出来的东西，所有的人都不认识，就像你跟所有的地球人说火星语一样，大家都没办法跟你交流。

一个没有母体做支撑的品牌Logo，就是火星符号，带不来任何流量，花再多的钱投广告都无济于事！

你可能会说，也有很多品牌，他们的Logo做得并不好，也成了知名品牌啊。

是的，那是因为他们要么做的时间足够久，要么投的钱足够多。客户记住也是因为品牌的名字，而品牌Logo没有起到太大的作用。

你可以问问自己，你愿意多花几千万元投广告，还是愿意多花30年来积累？

很显然，大部分人都不愿意也觉得没有必要，那么我们就要深刻地理解品牌符号给企业所带来的价值。

品牌符号的文化母体理念，除了用在企业上，其实还可以用在个人品牌上。只要找到那些适合你的、以文化母体作为载体的符号，就可以通过照片的方式不断地传播了。

了解了本节内容后，你可以去留意一下街边的每个店面，你很快就能识别出：哪些店的品牌Logo能帮它带来流量，哪些品牌Logo基本就是摆设。甚至很多品牌Logo还不如不摆出来占地方，起到的完全是反作用。

我们对任何东西都要看透其本质，没有深刻理解的东西就不要乱模仿，否则就是白费力气多花钱。

蜜雪冰城早期的Logo也让人看不懂，但是修改过后，就变得相对明显了。

有文化母体的品牌符号，还可以用到线下。在一个活动现场，用几十个雪王游街，一下子全城的人都知道了。

我的名字也是后来改的，因为我想要让幼儿园的人都能认识我。我原来的名字是"王曦"，传播成本太高了！而一和九，文化母体就比较强，很容易传播。

本节内容带给你什么启示呢？写在下面：

_____

_____

_____

6.2.3 做好事业的一个关键——执事敬

这一节我想和大家分享一个关于做事的思考。

《孔子》里讲到，樊迟去问孔子，什么是仁呢？孔子说："居处恭，执事敬，与人忠。"

什么意思呢？居处恭，就是平时居家过日子自己待着的时候，也要保持恭恭敬敬待人接物的礼仪风格。

执事敬，就是每做一件事，不管是大事还是小事，内心都保持认真敬重的态度，把事情做好，不要眼高手低。

与人忠，就是与人打交道，要以忠信为本。

孔子说，只要做到这 3 点，就做到了"仁"。"仁"，是儒家的核心思想，也是孔子的梦想。在现代社会，"仁"也有着非常重要的意义，如果你身边的朋友具备"仁"的品质，你也愿意与他交往。

我以两件事作为例子来和大家分享我对"执事敬"的理解吧。

第一件事是关于朋友圈应该如何去打造的。

最近有两个学员，每次跟我咨询时都向我请教一些比较大的事情，谈论做个人品牌的几大策略及工具。比如，如何做好微信朋友圈、社群、直播、短视频，等等。

从大处着眼我为他们做好了规划。接着就需要他们自己从小事入手，去写朋友圈文案和做直播了。

过了一段时间，他们和我说效果不理想，问我有什么策略。

我问他们是怎么发朋友圈的。

他们都说，有几大策略，生活圈、专业圈……然后还总结出了别的×××圈。

我继续问他们，最近几天都围绕着哪几类人群在写文案。

他们都答不上来了。然后，我再问得细致了一些。比如，这几类人群，都有什么特质，有什么痛点，他们能够提供什么解决方案，并且他们有没有把这些内容展现到朋友圈的文案里……问到这里，他们就更迷茫了。

我只好说："你可以最近一个月，每天围绕几类客户，写几个要解决的问题。比如，今天你就写3类人，每类人写3个要解决的问题，然后再写一条你的生活态度，一共写10条就够了。"

我问他们："清楚了吗？"他们说，清楚了。我接着追问："你想写哪三类人呢？如何才能在50字之内，表达清楚这件事情？"

问到这里，又卡住了。

假设我的这两个学员，有30类客户，每一类客户都有30个亟待解决的问题，如果他们能把所有问题都列得清清楚楚，那就是900个问题。

如果别人看到他们朋友圈的内容，发现他们居然能梳理出 900 个问题并写得清清楚楚。大家觉得，客户会怎么想？客户一定觉得他们很专业，相信他们能解决自己的问题。

要写出这 900 条朋友圈，还有 100 条生活态度，可不是一件容易的事情。每条朋友圈的内容质量是 30 分还是 80 分，起到的效果相差千里。

第二件事，是关于直播成交率的。

有好些学员都来问我，为什么自己的直播成交不理想。我问他们是怎么做的，有的人说，要用 3 大秘籍、5 大策略……我又问他们，觉得卖产品的时候讲几分钟比较合适，他们有的人说需要 5 分钟，有的人说需要 30 分钟……其实，这些都没有关系。

我接着又问，根据不同的产品和价格，假如讲 5 分钟，他们能否讲清楚产品的功能和好处呢？这 5 分钟，有哪几类客户感兴趣呢？前 30 秒是如何开头的？最后 30 秒是如何引导下单的？

问到这里，他们几乎都卡住了。

卖一个产品，要用几分钟，面对几类人说话，阐述清楚产品有几个好处，解决几大难题，还有主播应该用什么样的情绪去表达……这些细节都是做直播的人应该去研究的，否则，成交率很难提升。

前几天，我看到一个短视频，是一个教授在分析一个孩子的行为。那个孩子也在看一个短视频，那个短视频大概有 3 分钟长，她连续看了几十遍。那个教授就说，这孩子长大了会有出息。因为，她专注，她在深入地去研究一个事情。

每个人都想要自己的直播间有超高的成交率，那么，你有没有去看那些优秀的直播间，是如何通过 5 分钟的销售，卖掉上百万元的产品的？找到这关键的 5 分钟视频，看 30 遍，然后形成文字，你可以先照着讲。练习数十遍后，再去直播讲 5 分钟试试，看看效果和之前比有什么不一样。

听完这两个故事，你有什么感想？

做事情，有两个维度：

第一，是从大处着眼，心中要有大格局，要做好规划。

第二，是在小处磨炼，要肯下功夫，做好每一个小细节。

这就是孔子说的"执事敬"。如果你对一个 50 字的朋友圈文案保持认真敬重的态度，对一次 5 分钟的演讲也同样保持认真敬重的态度，你的成绩一定不会差。

再说说一九私董会在前不久开启的"精进计划"。精进计划，就是让自己的工作，每天都进步一点点。日日精进，持续改善。只要能够持续改善，就会一天比一天好。短期内可能看不到效果，但是，100 天以后，你就会看到一个非常大的进步。

这个思想源自丰田喜一郎（丰田汽车公司的创始人），他能把丰田汽车做得那么好，和把这个方法应用于整个企业运营中有很大的关系。

工作计划，似乎每个人每天都在做。但每天坚持做计划和复盘，能够坚持300天或是更多天的人可能只有20%。坚持去做，这些每天都能改进一点点的人就具备更强大的竞争力。所以，一九私董会要开展这个精进计划，想要通过10天的时间做一个引导，让大家意识到每日精进的意义并知道怎样去做。

也许很多人过完这10天，就恢复原状，不再坚持了。但一定会有一部分人，学会了精进计划的精髓，持续做下去。就像丰田一样，持续改进，即使改进到了极致，也要想破大脑再改进哪怕0.01%。

不要一直想着大策略、大步骤。大策略，是一次想完后就放到心中，指引我们做事的方向就好。更重要的是做每一件日常小事，都要有"执事敬"的精神。非常敬重地做好每件小事，你的心也就落地了。

本节内容带给你什么启示呢？写在下面：

_____

_____

_____

6.3 修身思维：做一个内在丰富的超级IP

创业者想要获得事业上的发展，还需要自己内在丰富。只有拥有丰富的内在，才有可能吸引众多追随者，实现事业的一帆风顺。

6.3.1 理解诚意的 3 个层次，你的事业会一帆风顺

用怎样的态度做事，你的事业才会一帆风顺？

诚意正心。

你可能会说，诚意正心，听说过很多次了。可是，你真正理解了吗？

我们做任何事都一样，理解得越深刻，就做得越深刻，想让事业变得更好，就得不断地提升认知，第一个层次，第二个层次，第三个层次……

诚意，这个简单的词，就包含了很多个层次。

诚意，首先是要做到不说谎，不夸大，不贪多，这是为人最基本的原则之一。

子思（孔子的嫡孙，春秋时期著名的思想家）写过："唯天下至诚，为能尽其性"。

至诚是什么意思？就是 100%的诚，不能今天有诚意，明天没有，不能对一部分人有诚意，对另外一部分人没有。这样，就能"尽其性"，就是把自己的能耐发挥到淋漓尽致。要知道，每个人的天赋才华本来就是非常厉害的，人的潜力是无穷的。

但是大部分人为什么不能把天赋发挥到极致呢？是因为沾染了太

多私心杂念，受到各种污染，人的眼睛就被蒙蔽了，心也被蒙蔽了，所以潜力才无法发挥出来。

而做到有诚意，就是剔除掉私心杂念，慢慢地恢复自己的无限潜力。如果你体会到了，这会是一种非常美妙的感觉。所以，有诚意不是我们去学更多的东西，而是去除更多东西，回到本源。

至诚，能尽自己的天性，还能做什么呢？"能尽其性，则能尽人之性；能尽人之性，则能尽物之性。"只要我们把自己的天赋发挥得淋漓尽致，就能带动别人也发挥出他们的潜力，还能让物体也发挥出最大价值。

对应我们做事来说，当你全心全意为客户着想，一心想着如何让他变得更好的时候，你就能把自己的聪明才智发挥到最大。

举个例子，我过去为企业做品牌策划，为客户想广告语的时候，总想方设法要做到最好的广告效果。连字号用多大这种细节，也一定反复推敲。做出来的海报，我会用彩色打印机打出来，贴在墙上，然后自己走出去5米、10米、20米，在不同的距离，用不同的角度，去观察自己能不能看清楚。会不会站到30米之外就看不到了？如果看不到了，那么30米之外的客户就流失了，这个流失就是潜在客户的流失，流失的就是钱，是客户的钱。

字体大一点小一点，我们在电脑上能看出很大区别吗？看不出来。我发给客户看，客户是没有感觉的。除此之外，我也会把做出来的东西放到室外去感觉、去判断。比如，做一个门头广告，这么大的字、这么鲜艳的颜色，是不是能更吸引客户？

同时，我也会专门在夜晚去观察一下，看看是不是足够亮。开车从300米之外路过，靠近看看能不能看清楚。

只要站在利他的角度去考虑，就可以判断这是不是合格的作品。

那些隔远一点就看不清的广告，是无法吸引大批的客流量的。

只要有足够的诚意，就能把这一件事做得非常好，帮助客户获得更多的客流量，也能把自己的才华发挥得淋漓尽致。

在这个过程中，我们也能学会很多，比如，心理学、观察能力、多维思维能力、实践能力……

如果你没有像我这样的诚意，只想着完成工作就算了。看起来，自己节约了很多的时间，省下了很多的力气，其实就是自己没有挥发出应有的水平，才能被自己的"懒"蒙蔽了，无法尽自己的性，也无法让客户的产品尽性地卖好，也无法让物——也就是广告画面发挥到最大的功效。只有进入至诚境界，无私地、不留余地地去工作，你才能让自己自由发挥，发挥到极致。这样做的结果是什么呢？

子思说："可以赞天地之化育，则可以与天地参矣。"参，通假字，通叁，就是天、地和你，三者可以相提并论了，做到天人合一了，此时你就深刻理解了做事的规律。所以，大家别把天人合一想得太复杂，它就是你在做事的过程中，慢慢参透了规律。

当你这么做的时候，你会是一个匠人，是一个好的领导者。你的员工看到你做事的状态，也会学习，不用刻意去教，他们就会自然而然地跟着做。你的客户也会看到你的努力，看到你的状态，愿意把更大的单给你，甚至付双倍的价钱，你的事业也就越来越顺利。

那么，我们再来进一步理解诚意。

子思说："故至诚无息，不息则久""悠远则博厚，博厚则高明"。

那么我们该如何做到更高境界的诚意呢？就是不能停下来，不能今天有诚意，明天没有，也不能今年有，明年就没有了，要一直持续下去，持续到你死的那一天，这样你就变得博厚，你的整个人生都变得高大光明。

"不动而变，无为而成"，就是当你持续这样做了很久之后，你的能量场也就形成了，就算你站在那里一句话不说，别人也会感觉到你的魄力。做到这样的境界，你的事业就会自然而成。你累积了 3 年、5 年，甚至是 10 年，你身边的人，身边的客户，就会对你非常认可。

不管风口如何变化，市场竞争如何激烈，他们依然还会是你的客户；不管过去多少年，你身边的朋友还会帮你；你这么有诚意地对待家人，对待丈母娘，对待公婆，他们也会帮你，你的家庭生活，也会非常和谐。我在招募一九私董会学员的时候，就有一条筛选标准，家庭不和谐的学员，不收。

所以，诚意至少有这么几层意思：

（1）不故意说谎骗人；

（2）要尽性，要毫无保留地发挥，把自己的才能发挥得淋漓尽致，就能创造更大的价值。当然了，创造更大的价值，得到更多的回报是自然而然的事。这样，你就能通过做事理解规律；

（3）要至诚无息，一辈子不间断，你的人生就会越走越顺利。

反之，如果一个人到处说谎骗人，那么他可能会得意一时，赚到很多钱，但是过不了几年，就一定会衰败没落。如果一个人，他做事不尽性，总是偷懒耍滑，看似节约了很多时间，可以接待更多的客户，但是他自己的才能一辈子都得不到淋漓尽致的发挥，浪费了自己的天赋才华，整个人生就荒废了。此生，有憾！

你可能会说，既要100%的诚意，又要一辈子至诚无息，这太难了，做不到啊！

这件事确实很难，我也做不到，甚至连圣人都很难做到！那么我们就先做到60分，这个总不难吧？毫不客气地说，很多人连10分都做不到，甚至在学了各种技巧后，反而抛弃了诚意。现在做到60分，再不断地累积，日日反省，就能日日提升，慢慢地就感受到诚意的威力了。

本节内容带给你什么启示呢？写在下面：

_____

_____

_____

6.3.2 如何运用自己的意念，让自己心想事成

我们如何运用自己的意念去实现自己的目标呢？

你觉得工作和生活是不可兼得的吗？如果你想要赚钱，你就不能好好地生活，就不能享受度假吗？

还真的有人这样问过我："一九老师，你带了私教学员，一年还出了两本书，还有时间健身，更不可思议的是还可以去度假，怎么会有那么多时间？"

对，我就是有那么多时间。前段时间，我就在想，我要度假，要住在一个非常漂亮的酒店，面朝大海，阳光可以直射到房间，可以坐在大阳台上，品一杯茶。随后，没过多久，我就真的去到了这样一个地方，真的带上了茶杯，泡上了茶，点上了香，可以像我期待的那样慢慢品茶。而且，也没有耽误我辅导学员。

这一次来到度假的地方，是我的一位私教学员和她老公一起去机场接我的。在此期间，她又收到39800元，我们还在吃饭的时候交流了和客户聊天的技巧。同时，我还花了3个小时辅导学员，她们都在火热地做格物计划，估计在我度假这几天都会哗哗地收钱。

其实，以前我不是这样的。从2004年到2016年，整整12年的时间，我都不是这样的。那个时候，我不敢去外面度假，即使去了也不敢选择好的酒店。即使去玩，也心情沉重，总觉得有很多工作要做。

后来，我慢慢学会了用意念去构想好的生活，居然有非常神奇的事发生。

我最期盼的，就是能有一种生活，可以经常旅行度假，而且要住在海边，要有很大的房间……早上醒来，就看见阳光直射进窗户，可以安静地吃个美美的早餐，可以漫步在海滩，而且，海边的人要很少……我不喜欢太喧闹的环境。

果然，这一次，海边的人很少，别说海边了，就连酒店的人也很少，因为既不是黄金周，也不是周末，特别安静。

你看，就这样实现了。把自己想要的，在大脑中反复地构想，意念和行为统一了，就真的实现了。我现在，就坐在面朝大海的窗户旁边，正在用电脑打字，和大家分享这一切。

可是，几年之前，我就不会这么想，总是想着要赚钱，然后要做到什么样的程度才可以。

当我学会用意念去构想自己的生活以后，就总是构想度假的场景。我会想，我住在什么样的地方，什么样的酒店，什么样的房间，酒店有什么吃的东西。想得很形象，很细致，就感觉我已经住进酒店了一样。感觉，很重要，不是想要，而是感觉。

也许，我真正去住的地方，跟我想象的不一样，但是感觉是一样的，大部分时候，会比想象的还要好。关于这一点，大家是不是很疑惑？我以前也疑惑，而且尝试过很多次，都不成功。为什么呢？

以前，我脑子里虽然在想度假，内心的潜意识却在说："怎么可能，不可能实现的，我太忙，我要赚钱，我要加班，我很累，我很辛苦！"满脑子都是辛苦和累……那种又辛苦、又累的感觉，非常强烈。然后，生活就给自己呈现了既辛苦又累的结果，也就是自己意识中的样子。

去年，一个国学学校的校长来找我。这个校长人很好，为人非常正直，学识渊博。可是，学校已经创办好几年了，发展得一直很一般，收入就更一般了。行业寒冬的时候，甚至会亏损。他来我的茶社，我们喝茶聊天，我就问他实现赚钱的手段有哪些，未来几年想要达到多少营业额。

他说："我要传播国学文化，赚多少钱无所谓。"听到这里，我很感兴趣，就想要再深究一下。我问："你们现在的发展状况你满意吗？"

他说："我的进展是有些慢，但是我要传播国学文化，我不急于赚钱。"

我说："那你来找我干什么？"

他说："我想跟你学学如何做营销，把我们的文化推出去。"

我就问他："你想2022年赚多少钱。"

他说："我不是为了赚钱。"

我说："你不会赚钱的。你不仅不会赚钱，还不想赚钱，而且你还压制赚钱的想法。所以，你根本赚不了钱。"

我为什么这么说呢？因为他内心非常矛盾，他嘴上说着不是为了赚钱，行动上却想要去赚钱，但是内心潜意识里又排斥赚钱。自己的意念和行动相互打架，内在小宇宙就冲突得厉害。为什么要搞得自己那么挣扎呢？最后，在我们的深入聊天中，他终于承认说想要赚钱。

但是他并不需要很多钱，因为他的消费有限，也不需要什么奢侈品，对好吃好玩的东西也没啥兴趣。

我问他："不需要太多，是多少？"他说："有个几百万就行了，让员工过好生活。"

我就说："你不是不想赚钱，你是'自私'。"他一个国学大师，听我说他自私，很不开心。我说："你听到我说你自私，很不开心，对吧？其实你不是真的自私，也没有那么多的消费欲望，你只是太在意自己的名誉了。因为，你会觉得如果你赚了太多钱，就不像一个国学老师。可是，谁规定国学老师不应该赚很多钱呢？一个自己都赚不到钱的老师，怎么教别人'大道'呢？"

我问他："你知道孔子这个人吗？他是知识付费的鼻祖，中国知识付费第一人，当之无愧。而且他收的价格并不低。那时他收的是腊肉，一块腊肉就相当于一个人一年的口粮了。很多国学老师都觉得赚钱是下等的技能。既然如此，那么，用下等的技能赚钱，应该更轻松才对啊！结果呢，反而赚不到，就说明你大道没通。"

国学校长的这个故事，可能在大家身边都时有发生。有的人总说自己要做个好人，所以才不想赚钱。最后，他是没钱的好人。有的人说自己不需要太多钱，能够维持基本生活所需就行了。所以，他的生活就一直紧巴巴的，只够吃穿住用。有的人说钱太多会守不住，所以他无论如何努力，钱就只有一点点就流失掉了。上天很公平，他想要什么，就给什么啊！

后来，我跟这个校长说你应该教人国学，顺便赚很多钱。他又强调自己不需要很多钱。我说："你那么害怕干什么，如果你有很多钱，你能死吗？"

他也笑了，说："死不了，哈哈哈哈哈哈哈。"我们俩都笑坏了。

所以，不如顺其自然，跟着自己的心走，让心念与行动统一，不再纠结。我当然知道他不需要很多钱，也没有那么多贪欲。但是，如果他有很多钱，他就能更好地传道，就能开100个国学分校，就能教化更多人。如果他自己都抗拒赚钱，他的学生也都穷得一塌糊涂，大家就会认为，学国学都是赚不到钱的，也就没人来学了。

那么，如何才能让自己更有力量心想事成呢？如果心念和行动无法达成一致，肯定是毫无效果的，只有心里想什么，你就做什么，用这种至真至诚，100%的诚，把心念和行动统一，才可能有好事发生。只要真实地面对自己、表达自己，想什么做什么，久而久之，你的潜意识就会发生变化，你就能心想事成了。

最后再分享一个心想事成的做法，就是不要把心想事成当成欲望。你先要找到"诚"，清楚你的诚意是什么。比如，你想要教好学生，就要把点亮学生作为"诚"的起点,而不是收割别人的钱,这两者有本质的区别。如果你没有那个诚意,你的心想事成也是一场幻想。所以,先要有诚意,才能心想事成。对此,我推荐大家去读一读李欣频的《心诚事享》这本书,会有很大的帮助。

本节内容带给你什么启示呢?请写在下面:

_____

_____

_____

写在后面

打造创始人 IP 是未来创业的必备技能，创始人不仅仅承担着企业发展的任务，还承担着传播理念、传播文化的重任。打造创始人 IP，是另一种经营法则，也是一生的修行。我期待，在这一生的修行中有你的陪伴。如果你想加入"创业者共读会"或领取本书思维导图，可以添加微信：63123860。

最后，如果你觉得本书对你和身边的人有帮助，我想邀请你拍一张照片，分享到朋友圈，王一九在此先谢过大家！

读完本书，你最大的收获是什么，请用三句话来概括：

1. _____

2. _____

3. _____